OS SONHOS

Francisco de
QUEVEDO

OS SONHOS

Tradução
Liliana Raquel Chwat

Lafonte

Brasil – 2020

Título original: *Sueños y discursos de verdades descubridoras de abusos, vicios y engaños en todos los oficios y estados del mundo*

Direção Editorial *Ethel Santaella*
Tradução *Liliana Raquel Chwat*
Revisão *Nazaré Baracho*
Texto de capa *Dida Bessana*
Revisão de capa *Rita Del Monaco*
Diagramação *Demetrios Cardozo*
Imagem de Capa *Shutterstock.com*

Dados Internacionais de Catalogação na Publicação (CIP)
(Câmara Brasileira do Livro, SP, Brasil)

Quevedo, Francisco de, 1580-1645
Os sonhos / Francisco de Quevedo ; tradução Liliana Raquel Chwat. -- São Paulo : Lafonte, 2020.

Título original: Sueños y discursos de verdades descubridoras de abusos, vicios y engaños en todos los oficios y estados del mundo
ISBN 978-65-5870-006-7

1. Quevedo, Francisco de, 1580-1645. Os sonhos - Crítica e interpretação I. Título.

20-44077 CDD-863

Índices para catálogo sistemático:

1. Literatura espanhola : Crítica e interpretação 863

Cibele Maria Dias - Bibliotecária - CRB-8/9427

Editora Lafonte
Av. Profª Ida Kolb, 551, Casa Verde, CEP 02518-000,
São Paulo-SP, Brasil - Tel.: (+55) 11 3855-2100,
Atendimento ao leitor (+55) 11 3855- 2216 / 11 – 3855 - 2213 – *atendimento@editoralafonte.com.br*
Venda de livros avulsos (+55) 11 3855- 2216 – *vendas@editoralafonte.com.br*
Venda de livros no atacado (+55) 11 3855-2275 – *atacado@escala.com.br*

Índice

Aprovação das Autoridades para Publicação

Estes pequenos tratados de diferentes argumentos, que foram apreciados por homens eruditos e lidos com muito prazer por curiosos e amigos de boas letras, deverão ser editados com o título de Sueños de verdades descubridoras de abusos, engaños y vicios en todos los géneros de estados y oficios del mundo (Sonhos de verdades descobridoras de abusos, enganos e vícios em todos os gêneros de estados e ofícios do mundo), por dom Francisco de Quevedo Villegas, etc. E com esse fim os reconheci e examinei por ordem e comissão do Excelentíssimo senhor Bispo de Barcelona, e digo que do mesmo modo que estão no original que eu censurei, podem vir a público pela impressão sem perigo, por não haver neles coisa contrária à fé católica nem aos bons costumes. Antes, tenho certeza que a agudeza do engenho, fértil de tão variada erudição, declarada com linguagem polida e suave, ficarão contentes os que lerem, e ainda os que bem sabem aprenderão muitas coisas de proveito. Este é meu parecer, e, como testemunha, assinei de próprio punho esta nota em Santa Caterina Mártir de Barcelona em 18 de janeiro de 1627.

Fray Tomás Roca.
Die 25 mensis Ianuaria 1627. Imprimatur.
Io Epis. Barcin.
Dom Michael Sala, Regens

Do Bispo De Solsona, Lugar-tenente e Capitão Geral

Da parte de Joan Sapera, livreiro desta cidade nos foi dado saber que deseja imprimir um livro intitulado *Sueños de verdades descubridoras de abusos, vicios y enganos en todo género de estados e ofícios*, composto por dom Francisco de Quevedo Villegas, rogando que seja de nossa mercê dar e conceder-lhe licença, a licença do ordinário local. Por isso, de acordo com a presente, por nosso conhecimento e pela real autoritadade concedemos licença ao mencionado Joan Sapera para que nenhuma pessoa sem sua ordem e licença possa imprimir nem vender, sob pena de perder os equipamentos de impressão e de pagar quinhentos florins de ouro de Aragão aos cofres reais, além de confiscar irremediavelmente os bens dos contrafatores, conforme consta de modo explícito no privilégio real, e que o presente privilégio seja duradouro pelo tempo de dois anos próximos passados, passados os quais se declare extinta e finda. Dado em Barcelona, dia 6 de março de 1627.

O Bispo de Solsona.
Ut Don Michael Sala, Regens.
Ut Don Iacobus de Lupia.
et Doms. Reg. Thesau., Michael Pérez.
In diverso loc., XXIII
Fol. CCLXXXV.

Do Doutor Dom Miguel Ramírez

Por comissão geral
de um bom conselho olhei
este livro, e não fala mal;
graça e tempero tem, e a fé
que cura chagas seu sal.
Contra a fé não há nada,
conselhos em tempo dá,
castiga a quem o merece,
parecerá, se parece,
e assim imprimir se poderá.

Do Bacharel Pedro de Meléndez

Por comissão geral
do Conselho, sem pedi-lo,
vi este livro com cuidado,
e está bem, e bem visto,
quem pode contradizê-lo?
Com discrição, sem mentir,
murmura para corrigir
alguns maus costumes;
tira de vícios vislumbres,
e assim poderá se imprimir.

De Dona Raimunda Matilde, Décima

Murmurando dizer bem,
dizendo bem, murmurar,
de todos satirizar
e falar de todos tão bem,
só se encontrará em quem
ao próprio inferno desceu,
e mesmo que o bem desejou
e o mal desterrar procura,
já é tamanha sua desventura
que o mal Que-vedou ficou.

Do Capitão Dom Joseph de Bracamonte, Dialogístico Soneto entre Tomumbeyo Traquitantos, Autoridade da Rainha Pantasilea, e Dragalvino, Ministro.

Autoridade Pelo Alcázar de Toledo juro
e voto ao sacro paladino troiano,
que tenho de me vingar por minha mão
e fazer Quevedo manco do outro pé.

Ministro	Eu, à Santa Inquisição, se posso, tenho que acusá-lo de mau cristão, provando-lhe que crê em sonho vão e que muito quieto falou com os demônios.
Autoridade	Isto, Dragalvino, pouco importa, as verdades que diz não levo em conta; sabê-las todas, isso me desfaz o coração e a alma.
Ministro	Sua língua corta e publicá-las não poderá sem língua, que isso de murmurar a língua o faz. Mas temo se o fizermos, conforme seu bico e sua língua prometem que, fora uma, nasçam sete.

De Dona Violante Misevea, Soneto a todo Leitor destes Sonhos em Defesa e Elogio do Autor

Olá, leitor; quem quer que sejas,
se estes Sonhos chegas a ler
e na primeira vez te aborreces,
por tua vida, não os leias a segunda.
Se te tocam e por acaso são feios,
sonhos são sonhos, não repares,
que se como estes são os que sonhares
não pecarás, a fé, mesmo que acredites em sonhos.
Porém se não te tocam, vai voando
e diz a todos que os apreciem,
que o prêmio é flor que esconde um basilisco,
e que não murmurem mais de dom Francisco,
ignorantes, nem é bom que a ele se ajustem;
dormindo ele sabe mais que vocês acordados.

Prólogo do Autor

I - O AUTOR AO VULGO

Se falas mal de meu sonho,
vulgo, como farás,
mas diz, que com dizer mais
dizes bem dele e do sonho.
Diga ele mal e tu também,
tu dele e ele de quem pretende,
que tudo para quem entende
é muito bem do seu gosto.
Pois se teu fim é ser Marcial
e dizer que é malicioso,
o louvas por ser engenhoso
dizendo que diz mal.
Mas, vulgo, pois sei quem és,
mais cedo ou mais tarde
diga eu o que me importa
e diz tu o que quiseres.

II - AO DOUTOR JUAN COLL, CÔNEGO DA ILUSTRE CATEDRAL DA SÉ DE URGEL

Não dedico a V.M. este livro para obrigá-lo a que o ampare e defenda, porque além do mais seria colocar V.M. em um imenso trabalho e muito alheio a sua idade e estado. Uma coisa que sempre em toda dedicatória de livros me crucifica o entendimento, tendo-a por tão supérflua como é pedir o impossível, porque o dia em que o livro sai da loja e chega às mãos de quem o lê, está sujeito a que o murmure quem quiser e, o que é mais certo, quem menos sabe e menos o entende; é um mal tão velho, comum e irremediável este de manchar e fazer pouco dos ignorantes, que por isso disse bem um discreto que era a murmuração, nestas e outras ocasiões, sarna antiga, pegajosa e incurável, dos maus entendimentos e perniciosas vontades. Assim é disparate e grande pusilanimidade prestar atenção nos que imprimem obras boas, elogiadas e qualificadas pelos doutos e sábios. Além disso, rogar aos homens ilustres a quem são dedicados os livros que os defendam e amparem, já que não o farão com a bem cuidada língua da espada, nem é possível, porque isso seria obrigá-los a que como o querubim do paraíso estivessem sempre jogando-a e virando-a para toda parte sem cessar; é bom romance pedir-lhes que tampem as bocas dos maledicentes, o que é pedir não só coisa indecente e impossível, mas despertá-los para que murmurem mais. Isso convenceu o rei Filipo, pai de Alexandre, que não desterrasse de seus reinos (como alguns aconselharam) certos murmuradores seus, dizendo que isso era colocar mais lenha no fogo e que difamassem mais até entre gente estranha. Tanto mais, senhor, que este livro é tal que ele e seu autor pouparão a V.M.. este trabalho, pois estou certo que saberão se defender muito bem eles mesmos com as muitas verdades que sabem dizer a todos, como sentirá quem leia este livro e se adverte no prólogo ao leitor. Ofereço, pois, a V.M. esta pequena obra, apesar de pequena em quantidade grande em qualidade, primeiro porque é V.M. quem entende e sabe, e assim com seu nome vai este livro pelo mundo muito honrado e autorizado; e segundo, como mostra de agradecimento e para que me conheçam todos e seu maior criado em vontade e desejos de lhe servir; como tal desejo lhe entreter e divertir de seus muitos e graves negócios, e acertar a lhe dar prazer, pois sei que será este mais que qualquer coisa que poderia lhe oferecer, porque sendo o livro tão engenhoso e agudo, está de acordo com a criatividade e erudição de V.M., que é tão grande; por outra parte, meu caudal tão curto que por força me valeu para lhe servir com obras alheias (que são as que a nós livreiros nos fazem bem ou mal, dano ou proveito) e das melhores e mais qualificadas, como são estas e seu autor. Deus me guarde longos anos como seu criado, e mereça a honra e proveito que fez o Conselho e insigne catedral da Sé de Urgel, onde com tanto mérito é canônico.

Desta sua casa, hoje 31 de março de 1627.
Criado de V.M., Juan Sapera.

III - AO ILUSTRE E DESEJOSO LEITOR

Refere-se, não sei se a modo de conto gracioso e fictício, que estando uma vez muito doente um soldado muito cortês e ladino, entre muitas orações, preces e protestos que fazia, finalmente arrematou dizendo:

– Deus me livre das mãos do senhor Diabo -, tratando-o com cortesia todas as vezes que o nomeava. Reparou nisto um dos circunstantes, perguntando por que chamava o diabo de senhor, se era a mais vil criatura do mundo. Ao que respondeu rapidamente o doente dizendo:

– O que perde o homem sendo bem criado? Como saber de quem hei de precisar ou em que mãos hei de cair?

Digo isso, senhor leitor, porque supondo que nossa língua vulgar, a diferença da latina, tem um vossa mercê e outros vários títulos, mais ainda quando não se conhece a qualidade e o estado da pessoa com quem se fala, para não parecer descortês e, por conseguinte, malquisto e detestado por todos; pareceu-me melhor tratar V.M. com esta linguagem, bem diferente de quanto pude ver em todos os prólogos dos livros ao leitor escritos em romance, onde tratam V.M. com um tu, que se não alega muita amizade e familiaridade, por força há de ser argumento de que quem fala é superior e mandão, e a quem se fala inferior e criado.

Moveram-me a isto as mesmas razões do tal soldado doente, atendendo e considerando que a cortesia é a chave mestre para abrir a vontade e a afeição, e que custando pouco vale muito; e que, resumindo, não posso perder nada sendo cortês, e entendo que perderia muito se não o fosse porque é muito néscio regatear cortesias; ainda mais eu, que necessito tanto de todos para que comprem este livro, e para que, comprado e lido, o elogiem e incitem e movam outros para que façam o mesmo, e tenha com isso este livro o que merece sua bondade; que eu tenha mais lucros e que todos aproveitem, eu vendendo e os outros comprando e lendo. É verdade que para isto último de que elogiem estas obras engenhosas e agudas, confio que dará pouco trabalho aos aficionados e ao seu autor; pois elas mesmas trazem consigo a recomendação e elogio e o *Que vedo me fecit*, porque são tais que somente esse autor podia fazer obras de tanta erudição e agudeza, e estas por ter tanto de ambas só podiam ser filhas de tal e tão raro engenho, que o autor é e deve ser conhecido e celebrado por estas obras, mais que por quantas já fez e foram impressas até hoje em seu nome; estas também são estimadas e qualificadas pelo que são, pelo fato de saber (como todos sabem) que foram feitas por dom Francisco Quevedo. Com ele e com elas, não me preocupo tanto como poderia me preocupar uma das razões que me levou a tratar a V.M. com esta cortesia, considerando que não sei em que mãos nem em que línguas irá parar este livro que vai agora para o teatro do mundo, onde nunca faltam censuradores e descontentes, que com toda propriedade se chamam de críticos; dias perigosos para a saúde dos bons entendimentos, de quem pode se entender o que disse o doutor jurisconsulto dom Mateus López Bravo: "Ridendi vero, Romanuli et Graeculi nostri, qui Gramaticorum infantia superbi, et omnium rerum quantum garruli, ignari, triplici lingua, stulti, a doctis noscuntur"; porque se V.M. as lê, não depressa nem por partes, mas devagar e com atenção, pois não é muito grande, se não quiser passar por alto algumas de suas muitas sutilezas e agudezas, tenho certeza que não se queixará de que elas e quem as fez é parcial, e sim que fala a todos, e a todos diz a verdade clara e o que sente, sem rastro de lisonja; se por acaso cutuca e coça, é porque o que se diz é verdade e desengano. Muito melhor seria se queixar das faltas tão grandes do mundo que levaram ao autor a falar tão claro contra elas dizendo a verdade, que por isso disse bem certo alcaide que viu preso um estudante porque fez uma sátira na qual falava das faltas do lugar, que melhor seria ter prendido quem as têm. E quando nada disto seja suficiente para que deixe de haver quem se queixe e murmure destas obras e de seu autor, quero lembrar a V.M., senhor leitor, seja quem for, aquela história de certo clérigo velho que tinha uma figueira com os figos já maduros, à qual subindo alguns estudantes, pensando ele, por não enxergar direito, que fossem aves ou algum bicho, colocou espantalhos até conjurá-los; porém vendo que nada disso servia, considerando que eram boas as orações misturadas com pedras, primeiras armas do mundo, resolveu atirá-las neles, dizendo que também Deus havia dado virtude às pedras como às plantas e às ervas, e o fez com tamanha intrepidez que os derrubou e descalabrou. Sem propósito parecerá a V.M. esta história, e será porque não sei me explicar bem, ou por não querer V.M. entender que não há pior surdo que o que não quer ouvir; mas eu sei que entenderá se aprofundar um pouco em seus vários sentidos, como em tudo deste livro, e se por acaso deseja que eu explique, assim que *frustra exprimitur, quod tacite subintelligitur, l. iam dubitari*, lhe digo que se por acaso não o obriga à cortesia e humildade com que o trato, olhe o que diz e como e do que murmura e fala mal, se do autor ou de suas obras; e cuide-se de alguma chuva de pedras das muitas verdades, duras e secas, que este livro tem e seu autor pode lhe enviar, que o descalabrem e façam cair, quero dizer de seu estado, e a boa opinião que tem de sábio, e não faça que o tomem por ignorante, murmurador e soberbo maledicente; nem da figura que alguns néscios que querem parecer sábios não havendo livro que achem bom e de tudo zombem e menosprezem. Cuidem-se que não lhes aconteça o que ao asno de Sileno que colocou Júpiter entre as estrelas, que por ser elas tão brilhantes e claras e ele *auribus magnis*, como advertiu Luciano, descobriu mais sua disforme feiúra com grande infâmia. E advirtam que o epíteto do autor é o satírico. Acreditem e não errarão, que é mais do que temeridade jogar pedras no telhado vizinho quem tem o próprio de vidro.

Ninguém se maravilhe de que chame V.M. com esse título, ao parecer novo, de ilustre e desejoso leitor, porque se não o merecer pela doutrina comum e sabida do filósofo, que todo homem naturalmente deseja saber, coisa que se alcança com o estudo e a meditação dos livros bons, doutos, agudos engenhosos e claros; só por este livro merecia muito em particular, pois foi tão desejado tanto dos que leram algo destes *Sonhos e discursos*, como dos que ouviram referir e celebrar algumas das inumeráveis agudezas que contém, lastimando de vê-los manuscritos tão adulterados e falsos e muitos aos pedaços e sem pé nem cabeça; alguns tão desfigurados como o infeliz soldado que tendo saído de sua terra para a guerra com galas e plumas, retorna depois de muitos anos desgarrado e rasgado, com um olho a menos, meio braço, com uma perna de pau, e todo ele feito um milagre de cera, e com a roupa sem cor determinada, pedindo esmolas; ou como a cortesã que andou pela Itália, Índias e a casa da Meca e do Grande Solimão. Por esse motivo, os que souberam que eu os tinha inteiros e lidos por homens doutos e entendidos com particular curiosidade e atenção, me solicitaram que os fizesse comuns a todos fazendo imprimi-los, garantindo-me grande gosto e mais, grande proveito espiritual para todos, pois neles acharão desenganos e avisos do que acontece neste mundo e há de acontecer no outro a todos, para estar prevenidos que *mala praevisa minus nocent.* Resolvi com isto condescender com o gosto e desejo de tantos, confiando em que V.M., senhor leitor, me agradecerá este trabalho e despesa para comprá-lo, e com isso ficarei satisfeito e bem pago.

Pela agudeza e sutil modo de falar deste livro, para que não caia em equívoco, rogo a V.M. que antes de ler corrija algumas erratas que estão no início do livro. Também seria muita presunção e muita particularidade pretender que o livro saísse sem elas, sendo tão inevitáveis e incorrigíveis como os mesmos impressores, que como tais é melhor deixá-los trancados com seus erros e mentiras de forma. Para que o senhor leitor entenda que lhe desejo toda a honra e proveito, e guardá-lo de todo perigo, rogo a Deus Nosso Senhor que lhe faça como o rei das abelhas, que contém e dá de si pela boca a doçura do mel, e não tem ferrão para não morrer picado, como acontece com as outras abelhas que o tem, na cauda não na boca; e o guarde de revisores de vidas e obras alheias e sopradores das suas próprias, que não se vendem porque vendem nelas tudo quanto veem e tratam.

Sonho do Juízo Final

Ao Conde De Lemos, Presidente Das Índias

Para as mãos de v. Excelência vão estas nuas verdades que buscam não quem as visita, e sim quem as consinta, que a tal tempo viemos que, por ser tão sumo bem, devemos rogar por ele. Promete-se segurança nelas próprias. Viva V. Excelência para honra de nossa idade.

Dom Francisco Quevedo Villegas.

Os sonhos diz Homero que são de Júpiter, que ele os envia e devemos acreditar. É assim quando se referem a coisas importantes e piedosas ou as sonham reis e grandes senhores, como diz o douto e admirável Propercio nestes versos:

Nec tu sperme piis venientia somnia portis;
cum pia venerunt somnia, pondus habent

Digo a propósito que tenho por caído do céu um que tive noites passadas, tendo fechado os olhos com o livro do Beato Hipólito sobre o fim do mundo e a segunda chegada de Cristo, o que foi motivo de sonhar que via o Juízo Final. E apesar de que na casa de um poeta é difícil acreditar que haja juízo, mesmo em sonhos, houve em mim pela razão que dá Claudiano, no prefácio do livro 2 do *Rapto*, dizendo que todos os animais sonham de noite, como sombras, o que trataram durante o dia; e Petrônio Arbitro diz: *Et canis in somnis leporis vestigia latrat* e falando dos juízes: *Et pauidi cernunt inclusum chorte tribunal.*

Pareceu-me, pois que via um mancebo que refletindo pelos ares dava a voz de seu alento a um trompete, tornando feia com sua força, em parte sua beleza. Encontrou obediência nos mármores e ouvido nos mortos, e assim começou a se mover toda a terra e a dar licença aos ossos, que andavam já uns em busca de outros; e passando o tempo, apesar de breve, vi os que haviam sido soldados e capitães se levantarem dos sepulcros com ira, julgando-a sinal de guerra; aos avarentos com ânsias e angústias, zelando algum arrebato; e os dados à vaidade e gula, sendo áspero o som, o tiveram por coisa de sarau ou caça. Isto conhecia eu nos semblantes de cada um e não vi que chegasse o ruído da trompa à orelha que se persuadisse que era coisa de juízo. Depois notei o modo que algumas almas vinham com nojo, e outras com medo fugiam de seus antigos corpos. A algum faltava um braço, a outro, um olho, e achei graça de ver a diversidade de figuras e me admirou a providência de Deus que estando embaralhados uns com outros, ninguém nem por engano colocava as pernas nem os membros dos vizinhos. Só em um cemitério me pareceu que andavam destrocando cabeças e que via um escrivão que não lhe servia a alma e quis dizer que não era sua para se livrar dela.

Depois, já que a notícia chegou que era o dia do Juízo, foi ver como os luxuriosos não queriam que encontrassem seus olhos para não levar ao tribunal testemunhas contra si, os maledicentes as línguas, os ladrões e os matadores gastavam os pés para fugir de suas próprias mãos. E olhando para o lado vi um avarento que estava perguntando, que por haver sido embalsamado e estar longe, suas tripas não haviam chegado, se haviam de ressuscitar aquele dia todos os enterrados, se ressuscitariam suas bolsas. Teria rido se não me machucasse o afã com que uma grande turba de escrivães andava fugindo de suas orelhas, desejando não tê-las para não ouvir o que esperavam, mas só foram sem elas os que aqui as tinham perdido por ladrões, que por descuido não foram todos. Porém o que mais me espantou foi ver os corpos de dois ou três mercadores que tinham calçado as almas do avesso e tinham todos os cinco sentidos nas unhas da mão direita.

Eu via tudo isso desde um monte muito alto, e ouço gritar aos meus pés para que me afaste, e nem bem o fiz começaram a surgir as cabeças de muitas mulheres belíssimas, me chamando de descortês e grosseiro porque não tive mais respeito pelas damas, que mesmo que estejam no inferno não perdem esta loucura. Saíram muito alegres de se ver belas e nuas e que tanta gente as visse, mesmo que logo, sabendo que era o dia da ira e que a beleza as estava acusando secretamente, começaram a andar para o vale com passos mais animados. Uma que tinha sido casada sete vezes, ia inventando desculpas para tantos maridos. Outra delas, que havia sido rameira, para não chegar ao vale só dizia que tinha esquecido os dentes e uma sobrancelha e tornava a parar, porém afinal chegou ao teatro, e foi tanta gente dos que haviam ajudado a se perder e que a sinalando gritavam contra ela, que desejava se esconder entre uma multidão, achando que aquela não era gente importante mesmo naquele dia.

Advertiu-me disto um grande ruído, que pela margem de um rio vinha gente em quantidade atrás de um médico (que depois soube o que era na sentença). Eram homens que havia despachado antes do tempo, pelo qual se haviam condenado, e vinham para fazer que parecesse, e afinal, pela força o puseram diante do trono. Ao meu lado esquerdo, ouvi um barulho de alguém que nadava, e vi um que havia sido juiz, que estava no meio do arroio lavando as mãos, e fazia isso muitas vezes. Cheguei a perguntar por que se lavava tanto, e me disse que em vida, sobre certos negócios, as tinha untado, e que estava lá para não aparecer com elas daquele jeito diante da universal residência. Dava para ver uma legião de demônios com açoites, paus e outros instrumentos; traziam uma multidão de taberneiros, alfaiates, livreiros e sapateiros, que estavam surdos de medo, e, mesmo ressuscitados, não queriam sair da sepultura. No caminho por onde passavam, um advogado tirou a cabeça e perguntou aonde iam e lhe responderam que ao justo julgamento de Deus, que havia chegado; com o que afundando mais ainda disse:

– Isto me poupará de andar depois, se tiver que ir mais para baixo.

Um taberneiro ia suando de angústia tanto que, cansado, se deixava cair a cada passo, e me pareceu que um demônio disse:

– É bom que transpires água; não a vendas por vinho.

Um dos alfaiates, pequeno de corpo, de rosto redondo, mal encarado e com piores feitos, dizia:

– O que eu podia furtar, se vivia morrendo de fome?

E os outros diziam, vendo que negava ter sido ladrão, o que era desprezar seu ofício. Encontraram com alguns salteadores e enganadores públicos que fugiam uns dos outros e logo os diabos os pegaram dizendo que os salteadores bem que podiam entrar no número, porque a seu modo eram como alfaiates silvestres, como os gatos do mato. Houve pendência entre eles sobre se enfrentar uns com outros, e enfim juntos chegaram ao vale. Depois deles vinha a Loucura em uma tropa; poetas, músicos, enamorados e valentes, gente em tudo alheia a este dia. Ficaram de lado, onde estavam os carrascos, judeus e filósofos, e diziam juntos vendo os sumos pontífices em cadeiras de glória:

– Diferentemente se aproveitam os Papas dos nossos narizes, pois com dez varas deles não vimos o que traziam entre as mãos.

Andavam vendo dois ou três procuradores as caras que tinham e se espantavam que sobrassem tantas, tendo vivido descaradamente. Afinal os vi ficar todos em silêncio.

O trono era onde trabalharam a onipotência e o milagre. Deus estava vestido de si mesmo, belíssimo para os santos e zangado para os perdidos, o sol e as estrelas pendurados de sua boca, o vento parado e mudo, a água encostada nas margens, suspensa a terra temerosa em seus filhos; e como ameaçador ao que ensinou com seu mau exemplo piores costumes. Todos em geral possessivos; os justos dando graças a Deus, como rogando por si, e os maus dando desculpas. Andavam os anjos custódios mostrando em seus passos e cores as contas que tinham que prestar de seus encomendados, e os demônios repassando suas falhas e processos; afinal todos os defensores estavam na parte de dentro e os acusadores na de fora. Estavam os Dez Mandamentos guardando uma porta tão estreita, que os que estavam jejuando e magros ainda a achavam estreita. De um lado estavam juntas as Desgraças, a Peste e os Pesares gritando contra os médicos. Dizia a Peste que ela os havia ferido, mas que eles os haviam despachado; Os Pesares que não haviam morrido sem a ajuda dos doutores; e as Desgraças, que todos os que haviam enterrado haviam ido entre ambos. Com isso os médicos ficaram com a carga de dar conta dos defuntos, e assim, apesar dos néscios dizerem que eles haviam matado mais, puseram os médicos com papel e tinta, e nomeando as pessoas saía um deles e em voz alta dizia:

– Por mim passou dia tal do mês tal etc.

Começou-se por Adão, e para que se visse que era sério, até de uma maçã se falou e ouviu Judas dizer:

– O que farei eu que vendi ao próprio dono um cordeiro?

Passaram os primeiros padres, veio o Novo Testamento, colocaram-se em suas cadeiras ao lado de Deus os Apóstolos todos com o santo pescador. Logo chegou um diabo e disse:

– Este é o que sinalou com a mão o que São João com o dedo - e foi quem deu a bofetada em Cristo. Julgou ele mesmo sua causa e o encontraram no subsolo do mundo.

Via-se como entravam alguns pobres entre meia dúzia de reis que tropeçavam com as coroas, vendo entrar os sacerdotes sem se deter. Apareceram as cabeças de Herodes e Pilatos, e cada um reconhecendo no juiz, mesmo glorioso, suas iras, dizia Pilatos:

– Isto merece quem quis ser governador de judeus; e Herodes:

– Não posso ir para o céu, pois no limbo já não confiarão mais em mim os inocentes com as novidades que têm dos outros que despachei; isso é força para ir para o inferno, que afinal é lugar conhecido.

Chegou nesse momento um homem desaforado e estendendo a mão disse:

– Esta é a carta do exame.

Todos se admiraram e perguntaram os porteiros quem era, e ele em voz alta respondeu:

– Mestre de esgrima examinado, e dos mais destros do mundo - e tirando outros papéis, disse que aquelas eram as testemunhas de suas façanhas. Caíram no chão por descuido os papéis e foram levantados pelos diabos e um esbirro, que os levantou primeiro que os diabos. Chegou um anjo e esticou o braço para pegá-lo e colocá-lo para dentro, e ele, se retirando, esticou o seu e dando um pulo disse:

Esta é irreparável, e se desejas me provar, eu darei conta.

Todos riram, e um oficial moreno perguntou que novidades tinha de sua alma; pediram-lhe não sei o quê, e respondeu que não sabia nada contra os inimigos dela. Mandaram-no que fosse em linha reta para o inferno, ao que respondeu que deviam estar pensando que era matemático, e que ele não sabia o que era linha reta; o fizeram aprender e dizendo: “Entre o próximo”, se atirou.

Chegaram uns despenseiros e no meio do ruído que vinha da multidão, disse um ministro:

– São despenseiros. E outros disseram:

– Não são. – E outros:

– Sim, são – e deu-lhes tanto pesar a palavra “sim-são” que ficaram muito perturbados. No entanto, pediram que procurassem seu advogado, e disse um diabo:

– Aí está Judas, que é apóstolo descartado.

Quando ouviram isto, viraram-se para outro diabo que tentava ler e disseram:

– Ninguém olhe que vamos jogar uma partida e pegar infinitos séculos de purgatório.

O diabo como bom jogador disse:

– Querem jogar? Vocês não têm bom jogo.

Essas vozes, porém, como vinham atrás de um desventurado pasteleiro, não se ouviram jamais, de homens que pediam que declarasse onde havia acomodado suas carnes; confessou que nos pastéis e mandaram que fossem restituídos seus membros de qualquer estômago onde estivessem. Perguntaram se queria ser julgado e respondeu que sim. A primeira acusação falava de não sei de qual gato por lebre, tanto de ossos (e não da mesma carne), como de ovelha e cabra, cavalo e cachorro. E quando viu que em seus pastéis tinham sido achados mais animais que na arca de Noé, porque nela não havia nem ratos nem moscas e neles sim, virou as costas e deixou-os com a palavra na boca.

Foram julgados filósofos, e via-se como ocupavam seu entendimento em fazer silogismos contra sua salvação. A parte dos poetas foi notável, pois, como se fossem loucos, queriam que Deus acreditasse que era Júpiter e que por ele diziam todas essas coisas, e Virgilio andava com seu *Sicelides musae* dizendo que era o nascimento de Cristo. Mas apareceu um diabo e disse algo sobre Mecenas e Otávia, e que havia adorado mil vezes uns chifrinhos de ouro, que usava por ser dia de festa. E finalmente, chegando Orfeu, como mais antigo a falar por todos, mandaram que tentasse novamente entrar no inferno para sair, e aos demais por ter o caminho, que o seguissem.

Chegou atrás deles um avarento e perguntaram o que ele queria, dizendo que os Dez Mandamentos guardavam aquela porta de quem não os havia seguido, e ele disse que em coisas de guardar era impossível que tivesse pecado. Leu o primeiro, “Amar a Deus sobre todas as coisas”, e disse que só esperava tê-las todas para amar a Deus sobre elas. “Não pronunciar seu nome em vão”, disse que mesmo jurando falsamente, sempre havia sido por coisas importantes, e que assim não tinha sido em vão. “Guardar as festas”, estas e os dias de trabalho, guardava e escondia. “Honrar pai e mãe”:- Sempre tirei meu chapéu a eles - “Não matar”: - Para guardar isso não comia, porque comer é matar a fome. “Não fornicarás.” Em coisas que custam dinheiro já foi dito. “Não levantar falso testemunho”.

– Aqui – disse um diabo – está o negócio, avarento; se confessas havê-lo levantado te condenas, e se não, diante do juiz o levantarás de ti mesmo.

Zangou-se o avarento e disse:

– Se não vou entrar, não percamos tempo -, e até isso se recusou a gastar. Convenceu-se com sua vida e foi levado para onde merecia.

Entraram muitos ladrões e salvaram-se muitos enforcados; e animaram-se os escrivães, que estavam na frente de Maomé, Lutero e Judas, vendo se salvar os ladrões, que entraram de repente para ser sentenciados, o que fez os diabos rirem muito.

Os anjos da guarda começaram a se esforçar e a chamar pelos advogados dos Evangelistas. Iniciaram a acusação os demônios, e não a faziam nos processos que tinham fatos de suas culpas, e sim com o que eles haviam feito nesta vida. Disseram primeiro:

– Estes, Senhor, sua maior culpa é serem escrivães; e eles responderam gritando, pensando que disfarçariam, que só eram secretários. Os anjos advogados começaram a dar desculpas.

Um dizia:

– É batizado e membro da Igreja; e não tiveram muitos deles o que dizer. No fim salvaram-se dois ou três, e aos demais disseram os demônios:

– Já sabem.

Disseram que eram importantes ali para jurar contra certa gente, e vendo que por ser cristãos davam mais pena que os gentios alegaram que sê-lo não era culpa sua, pois os tinham batizado quando eram pequenos e, portanto era culpa dos padrinhos. É verdade que vi Judas perto de se atrever a entrar no julgamento, e Maomé e Lutero animados de ver um escrivão se salvar e me espantei que não o fizessem. Só estorvou aquele médico e eu disse que forçados pelos que os haviam trazido, apareceram ele e um boticário e um barbeiro, aos quais disse um diabo que tinha as cópias:

– Perante este doutor, passaram mais defuntos, com a ajuda deste boticário e barbeiro, e se deve a eles grande parte deste dia. Alegou um anjo pelo boticário que dava aos pobres, porém disse um diabo que haviam sido mais danosos dois potes de sua loja que dez mil lutando na guerra, porque todas as suas medicinas eram espúrias, e que com isso havia ligado a peste e destruído dois lugares. O médico desculpava-se com ele, e afinal o boticário foi condenado, e o médico e o barbeiro, intercedendo São Cosme e São Damião, salvaram-se.

Foi condenado um advogado porque tinha todos os direitos com corcovas, quando, foi descoberto um homem que estava atrás deste agachado para que não o vissem e, perguntado quem era disse que era cômico; porém um diabo muito zangado replicou:

– Farsante! E poderia ter economizado esta vinda.

Jurou que ia embora e foi para o inferno sob sua palavra.

Encontraram muitos taberneiros e foram acusados de haver matado muitos de sede a traição vendendo água por vinho. Estes vinham confiados de que haviam dado a um hospital sempre vinho puro para as missas, porém não serviu, nem aos alfaiates que diziam que haviam vestido meninos Jesus. E assim foram despachados como sempre se esperava.

Chegaram três ou quatro genoveses ricos pedindo assentos, e disse um diabo:

– Eles pensam ganhar? Pois é isso que os mata. Desta vez se deram mal e não têm onde sentar, porque quebraram o banco de seu crédito. E virando-se para Deus, disse um diabo:

– Todos os demais homens, Senhor, dão conta do que é seu, mas estes o fazem do alheio.

Foi ditada sentença contra eles; eu não a ouvi bem, mas eles desapareceram.

Veio um cavalheiro tão direito que, ao que parece, queria competir com a própria justiça que o aguardava. Fez muitas reverências a todos e com a mão uma cerimônia usada por todos os que bebem no charco. Tinha um pescoço tão grande que não deixava ver se tinha cabeça. Perguntou-lhe um porteiro, da parte de Deus, se era homem, e ele respondeu com grande cortesia que sim e que se chamava Dom Fulano. Riu um diabo e disse:

– De cobiça o mancebo é para o inferno.

Perguntaram a ele o que pretendia, e respondeu:

– Ser salvo – e foi mandado para que os diabos o moessem, e ele só percebeu que amassariam seu colarinho.

Entrou depois dele um homem gritando:

Apesar de tudo, não tenho tantas culpas. Já tirei o pó de todos os santos que estão no céu.

Todos esperavam ver Diocleciano ou Nero, por isso de tirar o pó, mas era um sacristão que açoitava os retábulos. Com isso já estava a salvo, mas um diabo disse que ele bebia o óleo das lâmpadas e colocava a culpa em uma coruja; que beliscava dos ornamentos para se vestir; que herdava em vida o vinho da missa e que pegava os alforjes dos ofícios. Não sei que desculpas deu que lhe ensinaram o caminho da esquerda, dando lugar a umas damas geladas que começaram a se melindrar com as péssimas figuras dos demônios. Disse um anjo a Nossa Senhora que elas haviam sido devotas suas, que as amparasse, e replicou um diabo que também foram inimigas de sua castidade.

– Sim certamente -, disse uma que havia sido adúltera. Condenou-se sozinha, e foi dizendo:

– Se soubesse que ia ser condenada, não teria ido à missa todos os dias santos!

Quando já estava terminando tudo, ficaram descobertos Judas, Maomé e Martinho Lutero; perguntando um ministro qual dos três era Judas, Lutero e Maomé disseram que era ele e Judas correu tanto que disse gritando:

– Senhor, eu sou Judas; e bem conheces que sou muito melhor que eles, porque, se os vendi, remediei o mundo, e eles vendendo-se a si mesmos e ao Senhor, destruíram tudo.

– Foram mandados mais para frente. Um anjo que tinha uma cópia achou que faltava julgar autoridades e ministros. Chamaram-nos e viu-se que pareceram muito tristes e disseram:

– Nós os damos por condenados; não há nada que fazer.

Acabavam de dizer isso quando, carregando um astrolábio e globos, entrou um astrólogo gritando e dizendo que estavam enganados, que não era aquele o dia do Juízo Final, porque Saturno não tinha acabado seus movimentos, nem o de trepidação. Virou-se um diabo e vendo-o tão carregado de madeira e papel, disse:

– Já trazes a lenha como se soubesses que de quantos céus trataste na vida, te falta um só na morte, pois irás para o inferno.

– Eu não vou - disse ele.

– Pois então te levarão -. E assim foi feito.

Com isso acabou a residência e o tribunal; fugiram as sombras para seu lugar, ficou o ar com novo alento, floresceu a terra, o céu sorriu. Cristo levou consigo para descansar os ditosos com sua Paixão, e eu fiquei no vale; andando por ele ouvi muito ruído e queixas na terra. Aproximei-me e vi em uma cova profunda (garganta do inferno) muitos penarem, e entre outros um letrado remexendo não tanto leis como caldos; um escrivão comendo só letras que não havia querido ler nesta vida; todos os enxovais do inferno, as roupas e os chapéus dos condenados estavam presos não com pregos e alfinetes, mas com autoridades; um avarento contando mais duelos que dinheiro; um médico penando em um urinol e um boticário em uma redoma. Achei tanta graça ao ver isso que me acordaram as gargalhadas, e fiquei, com tão triste sonho, mais alegre do que espantado.

Sonhos são os que se V. Excelência dormir sobre eles, entenderá que por ver as coisas como as vejo, as esperará como as digo.

O Alguazil Endemoniado

Ao Conde De Lemos, Presidente Das Índias

Bem sei que aos olhos de V. Excelência é mais endemoniado o autor que o sujeito; se o for também o discurso, haverei dado o que se espera de minhas poucas letras, que amparadas, como dono, por V. Excelência e sua grandeza, desprezarão qualquer temor. Ofereço-lhe este discurso do alguazil endemoniado (apesar de ser melhor e mais apropriado, aos mesmos diabos); receba-os com a humanidade que me dedica, para que eu veja em sua casa a sucessão que tanta nobreza e méritos pedem.

Advirto a V. Excelência que os seis gêneros de demônios que contam os supersticiosos e os feiticeiros (os quais por esta ordem divide Pselo no capítulo onze do livro dos demônios) são os mesmos que as ordens em que se distribuem os maus alguazis. Os primeiros são ígneos; os segundos aéreos; os terceiros terrenos; os quartos aquáticos; os quintos subterrâneos e os sextos os que fogem da luz. Os ígneos são os criminosos que a sangue e fogo perseguem os homens; os aéreos são os que sopram o vento; aquáticos são os porteiros que prendem o que se esvaziou ou não esvaziou sem dizer "vai água", fora do tempo, e são aquáticos por serem quase todos bêbados e chegados ao vinho; terrenos são os civis que em comissões e execuções destroem a terra; os que fogem da luz, que deveria a luz fugir deles; os subterrâneos, que estão debaixo da terra, são os pesquisadores de vidas e fiscais de honras, e levantadores de falsas testemunhas, que tiram debaixo da terra motivos para acusar e andam sempre desenterrando os mortos e enterrando os vivos.

Ao Pio Leitor

Se fores cruel e não pio, perdoa, pois este epíteto herdaste de Enéas. Em agradecimento que faço a cortesia, por não te chamar de benigno leitor, perceba que há três tipos de homens no mundo: os que por se achar ignorantes, não escrevem e estes merecem desculpa por ter se calado e elogio por se conhecer; outros que não comunicam o que sabem: estes são dignos de pena pela condição e inveja pelo engenho, pedindo a Deus que perdoe o passado e os corrija no futuro; os últimos não escrevem por medo das más línguas: estes merecem a repreensão, pois se a obra chega às mãos de homens sábios, não sabem falar mal de ninguém; se ignorantes, como podem falar mal sabendo que se falam mal falam de si mesmos, e se do bom não importa é porque já sabem todos que não o entendem. Esta razão me estimulou a escrever o sonho do Juízo e me permitiu a ousadia para publicar este discurso. Podes ler se quiseres, se não quiseres, deixa-o, pois não há pena para quem não o ler. Se começas a ler e te aborrece, em tua mão está que tenha fim onde te seja aborrecido. Só queria advertir na primeira folha que este papel é uma repreensão aos maus ministros de justiça, guardando o decoro que se deve a muitos que há louváveis por virtude e nobreza; colocando tudo o que há nele sob a correção da Igreja Romana e ministros de bons costumes.

Discurso

Foi por acaso que entrei em São Pedro para buscar o licenciado Calabrês, clérigo de boné de três altos, punhos de Corinto, camisa aparecendo, terço na mão, disciplina no cinto, sapatos grandes e orelha surda; fala entre penitente e disciplinadora, gola caída no ombro como bom atirador que aponta para o alvo, principalmente se o alvo for do México ou de Segóvia, os olhos baixos muito cravados no chão como procurando alguma coisa; demorado na mesa e breve na missa, grande caçador de diabos, tanto que sustentava o corpo com espíritos. Entendia de salmos, fazendo ao benzer umas cruzes maiores que as dos mal casados. Trazia na capa remendos, fazia do desalinho sua santidade, contava revelações e se descuidassem fazia milagres. Este, senhor, era um dos que Cristo chamou de sepulcros belos, por fora, alvejados e cheios de molduras, e por dentro podridão e vermes, fingindo no exterior honestidade, sendo no interior da alma dissoluto e de muito larga e rasgada consciência. Era hipócrita, engano vivo, mentira com alma e fábula com voz. Achei-o na sacristia com um homem que com as mãos amarradas na faixa e a estola desajeitada, gritava com frenéticos movimentos.

– O que é isso? – perguntei espantado.

E ele me respondeu:

– Um homem endemoniado -, e nesse momento o espírito que nele tiranizava a posse de Deus respondeu:

– Não é homem, e sim alguazil. Olhe como fala, porque na pergunta de um e na resposta do outro se vê que sabem pouco. Deve-se advertir que os diabos nos alguazis estamos à força e de má vontade; por isso, se quer acertar, deve chamar-me a mim de demônio de alguazil e não a ele de alguazil endemoniado. E estejam de acordo os homens mais conosco que com eles, pois fugimos da cruz e eles a tomam como instrumento para fazer o mal. Quem poderá negar que demônios e alguazis não temos o mesmo ofício, pois, olhando bem, nós procuramos condenar e os alguazis também; nós que haja vícios e pecados no mundo, e os alguazis o desejam e procuram com mais afinco, porque eles o fazem para seu sustento e nós para nossa companhia. É muito mais para culpar este ofício nos alguazis que em nós, pois eles fazem mal aos homens como eles e aos de seu gênero, e nós não, pois somos anjos mesmo sem graça. Fora disto, os demônios o fomos por querer ser mais do que Deus e os alguazis são alguazis por querer ser menos que todos. Assim te cansas por demais, padre, pondo relíquias neste, pois não há santo que se entrar em suas mãos não fique nelas. Convença-se que o alguazil e nós somos todos da mesma ordem, mas os alguazis são diabos calçados e nós, diabos recolhidos, que fazemos áspera a vida no inferno.

Admiraram as sutilezas do diabo. O calabrês se zangou, quis calá-lo e, ao jogar nele água benta, começou a fugir, gritando:

– Clérigo, o problema do alguazil não é porque é benta, mas porque é água. É a coisa que mais odeiam, pois em seu nome (alguazil) tem uma letra l no meio, e para que saiba quem são e como têm pouco de cristãos, advirta que dos poucos nomes que ficaram na Espanha do tempo dos mouros, chamando-se eles merinos, deixaram que fossem chamados alguazis (alguazil é palavra moura), e fazem bem porque convém que o nome combine com a vida e a vida com seus feitos.

– Isso é muito insolente de se ouvir - disse furioso meu licenciado-, e se dermos permissão a esse enrolador, dirá outras mil velhacarias, o que é mau para a justiça porque corrige o mundo e tira, com seu temor e diligência, as almas que têm negociadas.

– Não o faço por isso - replicou o diabo - mas porque esse é teu inimigo que é do teu ofício. Tenha pena de mim e me tire do corpo deste alguazil, pois sou demônio prendado e de qualidade, e perderei depois muito no inferno por ter estado aqui com más companhias.

– Vou te jogar para fora hoje – disse calabrês – por pena desse homem que machucas por momentos e maltratas, e tuas culpas não merecem piedade nem tua obstinação é capaz disso.

– Mereces um presente – respondeu o diabo – se me tirares hoje. Entenda que essas batidas que lhe dou e o que lhe bato, é só porque eu e sua alma viemos aqui sobre quem há de estar no melhor lugar e neste caso “mais diabo é ele”.

Terminou de dizer isso com uma grande risada. Eu, que já tinha começado a gostar das sutilezas do diabo, pedi que, já que estávamos sozinhos e ele como meu confessor sabia de minhas coisas secretas, e eu como amigo das suas, que o deixasse falar, procurando só que não maltratasse o corpo do alguazil. Assim foi feito e ele disse:

– Onde há poetas temos parentes na corte dos diabos, e tudo se deve ao que os aguentamos no inferno; encontraram um modo tão fácil de se condenar que fervilham poetas nele e aumentamos o espaço pois competem nos votos e nas eleições com os escrivães. Não há coisa tão engraçada como o primeiro ano de noviciado de um poeta com penas, pois há quem leva daqui cartas de favor para ministros, e acredita que se encontrará com Radamanto e pergunta pelo Cérbero e Aqueronte e não acredita que os escondem.

– Que tipo de penas dão aos poetas? - repliquei.

– Muitas – disse – e próprias. Uns se atormentam ouvindo as obras de outros, e na maioria a pena é limpá-los. Há poetas que têm mil anos de inferno e não terminam de ler umas cantigas aos ciúmes. Outros se verão em outra parte batendo em si mesmos. Os quais para achar uma rima, rodam por todos os cantos do inferno roendo as unhas. Mas os que passam mal mesmo são os poetas de comédias, pelas muitas rainhas que fizeram, as infantas da Bretanha que desonraram, os casamentos desiguais que realizaram no final das comédias e as pauladas que deram em muitos homens honrados para terminar os aperitivos. Mas deve se advertir que os poetas de comédias não estão entre os demais, mas como tratam de fazer enredos e maranhas estão entre os procuradores e solicitadores, gente que só trata disso. E no inferno estão todos hospedados assim, tanto que um artilheiro que desceu lá outro dia, querendo que o pusessem entre o pessoal da guerra, como quando lhe perguntaram seu ofício, respondeu que atirava no mundo, foi enviado ao quartel dos escrivães, pois são os que atiram em todo mundo. Um alfaiate, porque disse que havia vivido de cortar e vestir, foi alojado com os maledicentes. Um cego, que quis se encaixar com os poetas, foi levado para os enamorados, por sê-lo todos. Outro que disse: "Eu enterrava defuntos" foi acomodado com os pasteleiros. Os que vinham pelo caminho dos loucos estavam com os astrólogos e os mentecaptos, com os alquimistas. Um veio por algumas mortes e está com os médicos. Os mercadores, que se condenam por vender, estão com Judas. Os maus ministros, pelo que pegaram, estão com o mau ladrão. Os néscios estão com os verdugos. Um aguador que disse que havia vendido água fria, foi levado com os taverneiros. Chegou um fraudador faz três dias e disse que ele se condenava por ter vendido gato por lebre, e foi colocado de pé com os vendeiros, o que dá na mesma. Afinal todo esse inferno está dividido em partes com este raciocínio.

– Ouvi dizer antes dos enamorados, e por ser coisa que me toca, gostaria de saber se há muitos.

– A dos enamorados é uma mancha – respondeu - que toma tudo, porque o são de si mesmos; alguns de seu dinheiro, outros de suas palavras; outros de suas obras; alguns das mulheres, e destes últimos há menos que todos no inferno, porque as mulheres com suas ruindades, com maus-tratos

e piores correspondências, dão motivo de arrependimento todo dia aos homens. Como digo, há poucos destes, porém bons, se couberem. Há alguns que com ciúmes, esperanças e desejos, vão direto para o inferno, sem saber como nem quando nem de que maneira. Há amantes escravos que ardem cheios de fitas; outros como cometas, cheios de cabelos; e outros que nos bilhetes que levam de suas damas economizam vinte anos de lenha, se abrasando com eles. Há aqueles que desejaram donzelas, se apaixonaram por donzelas com as bocas abertas e as mãos estendidas; destes uns se condenam por tocar sem tocar, feitos bufões dos outros, sempre na véspera do contentamento sem ter jamais o dia e só com o título de pretendentes; outros se condenam pelo beijo, como Judas, adivinhando sempre os gostos sem poder descobri-los. Atrás destes em uma prisão, estão os adúlteros: estes são os que melhor vivem e passam pior, pois outros sustentam sua montaria e eles as gozam.

– Esta é gente – disse eu – cujos favores e agravos são todos iguais.

– Abaixo, em um canto muito sujo cheio de cascas (quero dizer chifres), estão os que chamamos de cornos, gente que mesmo no inferno não perde a paciência, que como a tem à prova da má mulher que tiveram, nada os assusta. Depois deles estão os que se apaixonam por velhas, com correntes; os diabos dos homens de tão mau gosto, ainda não pensam que estão seguros, e, se não estivesse preso Barrabás, ainda não teriam bem guardados os traseiros deles, e tais como são parecemos brancos e loiros. O primeiro que com estes se faz é condenar a luxúria e sua ferramenta a cárcere perpétuo. Mas deixando isso, quero dizer que estamos muito sentidos com a imagem que fazem de nós, pintando-nos com garras sem ser águias; com rabo, sendo que há diabos que não o tem; com chifres, não sendo casados; e mal barbeados sempre, havendo alguns diabos que podem ser ermitãos e corregedores. Reparem nisso, porque faz pouco tempo que Jerônimo Bosco foi lá e quando perguntaram porque havia feito tantos ensopados de nós em seus sonhos, disse: "Porque não havia acreditado nunca que havia demônios de verdade". O outro, e o que mais sentimos, é que geralmente costumam dizer: "Olhem o diabo do alfaiate!" ou "Diabo é o alfaiatezinho!" Nos comparam com alfaiates, porque com eles damos lenha para o inferno e ainda deixamos que nos peçam para recebê-los; se não é a apólice de quinhentos, nunca fazemos recibo para que eles não aleguem posse "*Quoniam consuetudo es altera lex*", e como têm posses em furtar e quebrar festas, fundam agravo se não lhes abrimos as portas grandes como se fossem da casa. Também nos queixamos de que não há coisa, por pior que seja, que não a deem ao diabo, porque logo dizem: "O diabo que te carregue!" Note-se que são mais os que vão para lá que os que trazemos. Dão ao diabo um maltrapilho e o diabo não o pega, porque há algum maltrapilho que o diabo não pega; dão ao diabo um italiano e o diabo não o pega, porque há italiano que pegará o diabo. Preste atenção que na maioria das vezes damos ao diabo o que ele já tem, digo, temos.

– Há reis no inferno? – perguntei, e satisfez minha dúvida dizendo:

– O inferno está cheio de figuras, e há muitos, porque o poder e a liberdade os fazem tirar as virtudes do seu meio e chegam os vícios ao seu extremo; vendo-se na suma reverência de seus vassalos e com a grandeza opostos a deuses, querem valer menos e parecê-lo; têm muitos caminhos para se condenar e muitos que os ajudam, porque um se condena pela crueldade, e matando e destruindo é uma grandeza coroada de vícios de seus vassalos e peste real de seus reinos; outros se perdem pela cobiça; outros vão para o inferno por terceiros, e se condenam por ter confiado em infames ministros. Dá gosto vê-los penar, porque como são fracos para o trabalho, dobra sua dor por qualquer coisa. Só tem de bom os reis que, como são honrados nunca vêm sozinhos, mas sempre acompanhados e trazem todo o reino atrás dele, pois todos se guiam por ele. Felizes os espanhóis que sem merecê-lo são vassalos e governados por um rei tão vigilante e católico, que o imitando irão para o céu (isso se fizerem boas obras, e não entendam por boas obras fazer palácios suntuosos, porque desses Deus não gosta, pois vemos que nasceu em Belém em um estábulo); não como outros maus reis que vão para o inferno pelo caminho real e os mercadores pelo da prata.

– Por que te metes agora com os mercadores? – disse o calabrês.

– É um manjar que já enjoou aos diabos e ainda os vomitamos. Chegam lá aos milhares condenando-se em gênero e número. E deves saber que na Espanha os mistérios das contas dos genoveses são dolorosos para os milhões que vêm das Índias, e que os canhões de suas plumas são bateria contra as bolsas, e que não há lucro se o pegam no meio do Tejo de suas plumas e o Jarama de sua tinta não o afogam. Afinal, fizeram entre nós suspeito esse nome, que como significa outra coisa que não quero nomear, não sabemos quando falam como negociante ou quando são desonestos. Esses homens foram para o inferno e vendo a lenha e fogo que se gasta, um quis fazer tanques de luz e outro quis arrendar os tormentos, achando que ganharia muito. Esses estão junto com os juízes que os mandaram para lá.

– Quer dizer que lá há juízes?

– Claro! – disse o espírito. Os juízes são nossos faisões, nossos pratos regalados, e a semente que mais proveito e fruto nos dá, porque de cada juiz que semeamos colhemos seis procuradores, dois relatores, quatro escrivães, cinco letrados e cinco mil negociantes, isso a cada dia. De cada escrivão, pegamos vinte oficiais; de cada oficial, trinta alguazis; de cada alguazil, dez ajudantes; se o ano for fértil de tramoias, não há lugar no inferno para recolher o fruto de um mau ministro.

– Também dirás que não há justiça na terra, rebelde a Deus, e sujeita a seus ministros?

– E como não há justiça! Não soubeste sobre Astrea, que é a justiça, quando fugindo da terra subiu ao céu? Pois se não o sabes quero te contar. Vieram a Verdade e a Justiça para a terra; uma sentiu-se desconfortável por estar nua, a outra por ser rigorosa. Andaram muito tempo assim até que a Verdade, por pura necessidade, acertou com um mudo. A Justiça, desajeitada, andou pela terra rogando a todos, e vendo que não lhe davam atenção e que usurpavam seu nome para honrar tiranias, determinou voltar fugindo para o céu. Saiu das grandes cidades e cortes e foi para as aldeias de vilãos onde por alguns dias, escondida em sua pobreza, foi hospedada pela simplicidade até que a Malícia enviou requisições sobre ela. Fugiu então e foi de casa em casa pedindo que a recolhessem. Todos perguntavam quem era, e ela que não sabe mentir, dizia que era a Justiça; todos respondiam:

– Justiça em minha casa? Procure outra.

E assim não ficou em nenhuma. Subiu ao céu e só deixou suas pegadas. Os homens que viram isso, batizaram com seu nome algumas varas que, fora das cruzes, ardem algumas muito bem lá, e aqui só têm nome de justiça, elas e os que as trazem, porque há muitos destes em quem a vara furta mais que o ladrão com pé de cabra e chave falsa. Deve se advertir que a cobiça dos homens é instrumento para furtar todas as suas partes, sentidos e potenciais que Deus lhes deu; umas para viver e outras para viver bem. Não furta a virtude da donzela, com a vontade, o apaixonado? Não furta, com o entendimento, o letrado que torce a lei? Não furta, com a memória, o representante que nos leva o tempo? Não furta o amor com os olhos, o discreto com a boca, o poderoso com os braços (pois não prospera quem não tem os seus), o valente com as mãos, o músico com os dedos, o cigano com as unhas, o médico com a morte, o boticário com a saúde, o astrólogo com o céu? E finalmente, cada um furta com uma parte ou com outra. Somente o alguazil furta com o corpo todo, pois espreita com os olhos, segue com os pés, pega com as mãos e testemunha com a boca; afinal são tais os alguazis que deles e de nós defende os homens a Santa Igreja Romana.

– Espantou-me – disse eu – que entre os ladrões não estão as mulheres, pois são de casa.

– Não me fales nelas – respondeu - porque nos têm aborrecidos e cansados, e se não tivesse tantas lá não seria tão ruim o inferno. Daríamos muito para enviuvar no inferno, já que como se tramam enredos e elas desde que morreu Medusa, a feiticeira, não o fazem mais, temo que não haja alguma tão atrevida que queira provar sua habilidade com algum de nós, para ver se sabe mais. Apesar de que as condenadas têm uma coisa boa, e por isso é possível tratar com elas: como estão desesperadas não pedem nada.

– Quais são mais condenadas, as feias ou as belas?

– As feias – disse rapidamente – seis vezes mais, porque os pecados para cometê-los só é preciso admiti-los; as belas, que encontram tantos que satisfaçam o apetite carnal, fartam-se e arrependem-se, porém as feias, como não encontram ninguém, lá se vão em jejum e com a mesma fome rogando aos homens, e depois de usadas ferve o inferno de brancas e loiras e de velhas, mais que tudo, que de inveja das mais novas morrem resmungando. Dias passados levei uma de setenta anos que comia barro e fazia exercícios para remediar as obstruções e se queixava de dor de dente para que pensassem que os tinha; tendo já amortalhadas as têmporas com o lençol de seus cabelos brancos e arada a testa, fugia dos ratos e vestia-se de gala, pensando nos agradar. Colocamo-na ali, para atormentá-la, perto de um lindo daqueles que vão para lá com sapatos brancos e rendados, informados de que é terra seca e sem lodo.

– Nisso tudo estou bem – disse-lhe – só gostaria de saber se no inferno há muitos pobres.

– O que são “pobres”? – replicou.

– O homem – disse eu – que não tem nada do que há no mundo.

– Falei para amanhã! – disse o diabo. Se o que condena os homens é o que têm do mundo, e estes não têm nada, como se condenam? Por aqui os livros nos têm em branco. E não se assuste se até diabos faltam aos pobres; e, às vezes, mais diabos são uns para os outros que nós mesmos. Há diabo como um adulador, como um invejoso, como um amigo falso e como uma má companhia? Tudo isto falta ao pobre, que não é adulado, nem invejado, nem tem maus amigos nem bons, e ninguém o acompanha. Estes são os que vivem bem e morrem melhor. Qual de vocês sabe estimar o tempo e colocar preço ao dia, sabendo que tudo que passou a morte o tem em seu poder, governa o presente e aguarda o futuro, como todos eles?

– Quando o diabo prega, o mundo acaba. Como então, sendo tu o pai da mentira – disse o calabrês - dizes coisas suficientes para converter uma pedra?

- Como? – respondeu; por fazer-lhes mal e que não possam dizer que faltou quem avisasse. Note-se que em seus olhos vejo muitas lágrimas de tristeza e poucas de arrependimento, e a maioria se deve ao pecado que os farta ou cansa, e não à vontade que por ruim o despreze.

– Mentes – disse Calabrês – porque há muitos santos e santas hoje em dia; e agora vejo que mentiste em tudo que disseste; e sairás hoje deste homem.

Usou de seus exorcismos e, sem poder eu com ele, ordenou que se calasse. E se um diabo já é mau, mudo é pior que diabo.

Vossa Excelência, com curiosa atenção, olhe isto e não olhe quem o disse; Herodes profetizou, e pela boca de uma serpente de pedra sai um cano d'água, na mandíbula de um leão há mel, e o salmo diz que, às vezes, recebemos saúde de nossos inimigos e das mãos daqueles que nos desprezam.

Sonho do Inferno

Carta a um amigo seu

Envio a V.M. este discurso, terceiro depois do *Sonho* e o *Alguazil*, onde posso dizer que arrematei as poucas forças de meu engenho, não sei se com alguma felicidade. Queira Deus que meu desejo encontre algum agradecimento, quando não mereça elogio meu trabalho, e com isso terei algum prêmio dos que dá o vulgo com mão escassa, pois não sou tão soberbo para pensar em ter invejosos, e, se os tivesse, teria por gloriosa recompensa merecer tê-los. V.M. em Zaragoza comunique este papel fazendo a acolhida a todas as minhas coisas, enquanto eu aqui esforço a paciência para maliciosas calúnias que ao parto de minhas obras (seja aborto) costumam antecipar meus inimigos. Que Deus dê a V.M. paz e saúde.

Fresno, 3 de maio de 1608.
Dom Francisco Quevedo Villegas.

Prólogo ao Ingrato e Desconhecido Leitor

És tão perverso que nem te obriguei chamando-te pio, benévolo nem benigno nos outros discursos para que não me persigas; e já desenganado quero falar contigo claramente. Este discurso é o do inferno; não me chames de maledicente porque falo mal dos que estão nele, pois não é possível que haja lá dentro ninguém que seja bom. Se achas longo, está em tuas mãos: toma o inferno que te seja suficiente e cala-te. Se achas que algo não está bem, ou o disfarça piedoso ou emenda douto, porque errar é humano e ser ferrado é de bestas ou escravos. Se for escuro, nunca o inferno foi claro; se triste e melancólico, eu não prometi risadas. Só te peço, leitor, e ainda te conjuro por todos os prólogos, que não torças as razões nem ofendas com malícia meu bom zelo. Pois, em primeiro lugar, guardo o decoro para as pessoas e só repreendo os vícios; murmuro os descuidos e excessos se alguns oficiais sem tocar na pureza dos ofícios; e finalmente, se te agradar o discurso, melhor, e se não, pouco importa, porque nem de ti nem dele ganho nada.

Discurso

Eu que no *Sonho do Juízo* vi tantas coisas e no *Alguazil endemoniado* ouvi parte das que não havia visto, como sei que os sonhos na maioria das vezes são zombarias da fantasia e ócio da alma, e que o diabo nunca disse a verdade por não saber com certeza das coisas que justamente nos esconde Deus, vi, guiado pelo meu anjo da guarda, o que se segue, por particular providência de Deus; que foi para me trazer no medo a verdadeira paz. Encontrei-me em um lugar favorecido pela natureza por um sossego amável, onde sem malícia a beleza distraía a vista (muda recreação), e sem resposta humana conversavam as fontes entre as pedras e as árvores pelas folhas, talvez cantava o pássaro, não sei se por sua competência ou agradecendo sua harmonia. Veja como é peregrino nosso desejo, que não achou paz em nada disto. Estendi os olhos, cobiçosos de ver algum caminho para buscar companhia, e vejo, coisa digna de admiração, duas trilhas que nasciam de um mesmo lugar, uma ia se afastando da outra como fugindo de se acompanhar. A da direita era muito estreita e estava cheia de espinhas e asperezas. No entanto vi que alguns lutavam para atravessá-la; iam descalços e nus, e iam deixando pelo caminho a pele, outros os braços, outros a cabeça, outros os pés, e todos estavam amarelados e fracos. Mas notei que nenhum deles olhava para trás, mas todos para a frente. Dizer que algum poderia ir a cavalo era cômico. Perguntei a um dos que estavam lá se eu poderia seguir aquele deserto a cavalo e me disse:

– São Paulo o deixou para dar o primeiro passo nesta trilha.

Olhei, mas não vi nenhum animal. Também não havia sinal de roda de carroça nem de que houvesse alguém passado por ali jamais. Perguntei espantado a um mendigo que estava descansando, se por acaso naquele caminho havia vendas ou tavernas. Ele me respondeu:

– Venda ou taverna aqui, senhor? Como pode haver neste caminho se é o da virtude? No caminho da vida – disse - partir é nascer, viver é andar, a venda é o mundo, e saindo dela é uma jornada única e breve desde ele para a pena ou a glória.

Dizendo isso, levantou-se e disse:

– Fique com Deus! Que no caminho da virtude é perder tempo parar e perigoso responder a quem pergunta por curiosidade e não por proveito.

Começou a andar tropeçando e suspirando; parecia que os olhos com lágrimas amoleciam os penhascos e as espinhas a seus pés.

– Maldição! – pensei. Além de ser o caminho tão trabalhoso, as pessoas que andam nele são tão secas e sérias? Para meu humor é bom!

Dei um passo atrás e saí do caminho do bem. Fui para o lado esquerdo e vi um grande acompanhamento, muitas carroças carregadas com humanas belezas e grande quantidade de trajes de gala, lindos cavalos, muita gente de capa preta e muitos cavaleiros. Eu, que sempre ouvi dizer "Diga com quem andas e te direi quem és", para ir em boa companhia coloquei o pé no limiar do caminho, e sem sentir me encontrei no meio dele; aqui havia bailes e festas, jogos e saraus, não como no outro caminho que por falta de alfaiates estavam nus e rasgados; aqui sobravam mercadores, joalheiros e todos os ofícios. Havia vendas a cada passo e muitas tavernas. Fiquei muito contente de estar em companhia de gente tão honrada, apesar de o caminho estar um pouco confuso, não tanto com as mulas dos médicos, mas com as barbas dos letrados, que iam aos montes na frente dos juízes. Não digo isso porque fosse menor o batalhão dos doutores, a quem a nova eloquência chama de peçonha graduada, pois se sabe que em suas universidades se estudam venenos. Animou-me prosseguir meu caminho vendo não só que iam muitos por ele, mas a alegria que mostravam, e que do outro passavam para o nosso e do nosso para o outro por caminhos secretos. Outros caíam, e, entre eles, uma porção de taverneiros escorregaram nas lágrimas que outros haviam derramado pelo caminho. Íamos vaiando os que víamos mais atarefados pelo caminho da virtude. Zombávamos deles, os chamávamos de fezes do mundo e restos da terra. Alguns tampavam os ouvidos e seguiam adiante; outros paravam para nos ouvir; alguns deles desvanecidos com as muitas vozes e outros persuadidos das razões fugindo das vaias, caíam e se abaixavam. Vi uma trilha por onde iam muitos homens do mesmo tipo que os bons, e desde longe parecia que iam com eles mesmos; quando cheguei, vi que iam entre nós. Estes me disseram que eram os hipócritas, gente em quem a penitência, o jejum, a mortificação, que em outros é mercadoria do céu, é noviciado do inferno. Havia muitas mulheres beijando-lhes as roupas, pois em beijar algumas são piores que Judas, porque ele beijou, mesmo que com ânimo traidor, a face do Justo Filho de Deus e Deus verdadeiro, e elas beijam as vestes de outros tão ruins como Judas. Outras iam pegando as capas como relíquias, e algumas cortam tanto que suspeito que o fazem mais por vê-los pelados que pela fé que tenham em suas obras. Outras se encomendam a eles em suas orações, que é como se encomendar ao diabo. Vi algumas pedir-lhes filhos, e suspeito que marido que consente que a mulher peça filhos a outro, se dispõe a agradecer se os der. Digo isso por ver que podendo as mulheres encomendar seus desejos e suas necessidades a São Pedro, a São Paulo, a São João, a Santo Agostinho, a Santo Domingo, a São Francisco e outros santos, que sabemos que estão com Deus, se deem a estes que fazem ofício da humildade e pretendem ir para o céu de estrado em estrado e de mesa em mesa. Finalmente conheci os que estavam cobertos para nós, mas para os olhos eternos, que abertos sobre todos julgam o segredo mais escuro do fundo da alma, não têm máscara. Bem que tem muitos bons espíritos a quem devemos pedir favores com os Santos e com Deus, mas são diferentes destes que antes se vê a disciplina que o rosto e alimentam sua ambiciosa felicidade do aplauso dos povos, dizendo que são uns indignos e grandíssimos pecadores e os piores da terra; chamando-se jumentos, enganam com a verdade, pois sendo hipócritas o são finalmente. Iam estes sozinhos e com reputação de ser mais néscios que os mouros, mais desajeitados que os bárbaros e sem lei, pois aqueles, já que não conheceram a vida eterna nem vão gozá-la, conheceram e folgaram nela, porém os hipócritas não conhecem nem uma nem outra, pois nesta se atormentam e na outra são atormentados; concluindo, destes se diz com toda a verdade que ganham o inferno com trabalho. Todos íamos falando mal uns dos outros, os ricos atrás da riqueza, os pobres pedindo aos ricos o que Deus lhes tirou. Por um caminho vão os discretos, por não permitir ser mandados por outros, e os néscios, por não entender quem os governa, espetam tudo. A justiça leva atrás de si os negociantes, a paixão as mal governadas justiças, e os reis desvanecidos e ambiciosos, todas as repúblicas. Não faltaram no caminho muitos eclesiásticos, muitos teólogos. Vi alguns soldados, porém poucos, que por outra senda, à força de absolvições e graças, iam em fileiras ordenados honradamente triunfando de seu sangue; mas os que nos couberam aqui era gente, que se como haviam estendido o nome de Deus jurando, se o tivessem feito lutando seriam famosos. Estes iam muito nus, e na maioria das vezes trazem os golpes nas roupas e os corpos sãos. Andavam cantando entre si as ocasiões em que se haviam visto os maus passos que haviam dado (estes nunca andam em bons passos) e não acreditamos em nada disso, tendo-os por mentirosos; por encarecer seus serviços disse um ao outro: "Te digo, camarada, que transes passamos e que tragos!" O de tragos acreditamos, pelas filas de mosquitos que rodeavam suas bocas, gulosos pelo hálito do muito mosto que haviam engolido. Olhavam estes poucos os muitos capitães, mestres de campo, generais do exército, que iam pelo caminho do lado direito, enternecidos, e ouvi dizer a um deles olhando as folhas de lata cheias de papéis inúteis que levavam estes cegos que digo:

– Soldado, por aqui! É de valentes deixar o caminho por medo de suas dificuldades? Venham que por aqui certamente sabemos que só coroam ao que luta legitimamente. Que vã esperança os arrasta? As antecipadas promessas dos reis? Nem sempre, com almas vendidas, é bom que soe em seus ouvidos "Mata ou morre". Repreenda a fome do prêmio, que é do bom homem seguir a virtude, e de cobiçosos os prêmios; e quem não sossega na virtude e a segue pelo interesse e mercês que se seguem, é mais mercador que virtuoso, pois o faz pelo preço de bens perecíveis. Ela é dom de si mesma, cheguem-se a ela.

Aqui elevou a voz, e disse:

– Advirtam que a vida do homem é guerra consigo mesmo, e que a vida toda nos têm em armas os inimigos da alma, que nos ameaçam com mais danos. Advirtam que os príncipes já têm por dívida nosso sangue e vida, pois perdendo-a por eles, a maioria diz que os pagamos e não que os servimos. Voltem, voltem!

Ouviram eles muito atentamente e fugindo do que diziam, como leões entraram em uma taverna.

Iam as mulheres para o inferno atrás do dinheiro dos homens e os homens atrás delas e de seu dinheiro, tropeçando uns nos outros. Notei como no final do caminho dos bons que alguns se enganavam e iam para o caminho da perdição, porque como sabem o caminho do céu é estreito e o do inferno largo; ao terminar viam o seu largo e o nosso estreito, pensando que tinham se enganado ou trocado os caminhos, passavam para aqui, e daqui para lá os que se desenganavam do arremate do nosso. Vi uma mulher que ia a pé, e espantado de que uma mulher fosse para o inferno sem cadeira ou carroça, procurei um escrivão que me confirmasse isso e em todo o caminho do inferno não pude achar nenhum escrivão nem alguazil, e como não os vi, logo entendi que aquele era o caminho do céu e este outro ao contrário. Consolei-me um pouco e só ficava a dúvida que como tinha ouvido dizer que no caminho do inferno havia grandes asperezas e penitências, e via que todos iam folgados..., quando me tirou desta dúvida uma porção de casados que traziam suas mulheres pelas mãos, e que a mulher era o jejum do marido, pois por lhe dar a perdiz o capão não comia; e que era sua nudez, pois por lhe dar roupas demais e joias impertinentes ia nua; afinal conheci que um mal casado tem em sua mulher toda a ferramenta necessária para mártir, e eles e elas, às vezes, o inferno portátil. Ver esta tão áspera penitência me confirmou de novo que íamos bem, mas durou pouco, porque ouvi dizer atrás de mim:

– Deixem passar os boticários.

– Boticários passando? – pensei. Estamos indo para o inferno.

E assim foi, porque nesse momento nos encontramos dentro por uma porta como de uma ratoeira, fácil de entrar e impossível de sair. Mas ninguém em todo o caminho disse “Para o inferno vamos”, e todos, estando nele, disseram muito espantados: “No inferno estamos”.

– No inferno? – disse eu muito aflito. Não pode ser.

Quis pleitear. Comecei a me lamentar das coisas que deixava no mundo, os parentes, os amigos, os conhecidos, as damas e chorando virei a cara para o mundo e vi chegar pelo mesmo caminho, correndo, tudo que havia conhecido lá. Consolei-me um pouco vendo isso e que conforme se apressavam para chegar ao inferno, estariam logo comigo. Comecei a sentir áspera a moradia e desconfortáveis os corredores. Fui entrando aos poucos entre uns alfaiates que se aproximaram, e que estavam temerosos dos diabos. Na primeira entrada encontramos sete demônios inscrevendo os que íamos entrando. Perguntaram meu nome, disse-o e entrei; chegaram meus companheiros e disseram que eram alfaiates; um dos diabos disse:

– Devem entender os alfaiates que o inferno não foi feito só para eles, como pensam.

Outro diabo perguntou quantos eram. Responderam que cento, e disse um demônio de cabelos brancos e mal barbeado:

– Cem alfaiates? Não podem ser tão poucos. O menor lote que recebemos foi de mil e oitocentos. Em verdade estamos por não recebê-los.

Ficaram aflitos, mas afinal entraram. Vejam como são os alfaiates, que para eles é ameaça não deixá-los entrar no inferno. Entrou primeiro um negro, pequeno, loiro de cabelo ruim; deu um pulo ao ver-se ali e disse:

– Agora já estamos todos.

Saiu de um lugar onde estava encostado um diabo de marca maior; corcunda e coxo, e atirando-os a grande profundidade disse:

– Lá vai a lenha.

Por curiosidade me aproximei dele e perguntei por que estava corcunda e coxo, e me disse (era diabo de poucas palavras):

– Eu era guia de alfaiates; ia procurá-los pelo mundo; de trazê-los carregados fiquei corcunda e coxo. Percebi que eles vêm muito mais depressa do que eu posso buscar.

Nisto o mundo fez outro vômito de alfaiates, e tive que entrar porque não havia mais lugar.

Fui para a frente por um corredor muito escuro, quando me chamaram por meu nome. Olhei para a voz, quase tão medrosa quanto eles, e me falou um homem que pelo nevoeiro não pude divisar mais do que a chama que o atormenta me permitia.

– Não me conhece? – me disse – a... – já ia dizer – e... – e prosseguiu, depois de seu nome, o livreiro. Pois sou eu. Quem pensava?

É verdade que eu sempre suspeitei, porque sua loja era o bordel dos livros, pois todos os corpos que tinha eram de gente da vida, escandalosos e zombadores. Um rótulo que dizia ”Aqui se vende tinta fina e papel batido e dourado” poderia condenar outro que tivesse mais apetites por isso.

– Que deseja? - me disse – pois é tanta minha desgraça que todos se condenam pelas más obras que fizeram, e eu e todos os livreiros nos condenamos pelas más obras que os outros fazem, e pelo que fizemos barato dos livros em romance e traduzidos do latim; sabendo já com eles os tontos o que encareciam em outros tempos os sábios, que já até o lacaio latiniza, e acharão Horácio em castelhano no estábulo.

Ia falar, mas um demônio começou a atormentá-lo com chumaços de folhas de seus livros e outro a ler alguns deles. Vendo que já não falaria, fui para a frente dizendo a mim mesmo:

– Se há quem se condena por más obras alheias, o que farão com os que fizeram as próprias?

Enquanto isso, em grande confusão, ia uma porção de almas gemendo e muitos diabos com látegos açoitando-os. Perguntei quem eram e disseram que eram cocheiros; um diabo, cheio de lodo, cego e calvo, disse que preferia (é um modo de dizer) lidar com lacaios, porque havia cocheiros que pediam dinheiro para ser atormentados, e que a teima de todos era que havia que pleitear com os diabos o ofício, pois não sabiam estalar os açoites tão bem quanto eles.

– Que motivos há para que fiquem penando aqui? – eu disse.

Rapidamente se levantou um cocheiro velho, de barba negra e mal-encarado, e disse:

– Senhor, porque sendo espertos chegamos ao inferno a cavalo e mandando.

Aqui o diabo replicou:

– Por que calas o que encobriste no mundo, os pecados que facilitaste, e o que mentiste em um ofício tão vil?

Disse um cocheiro (que o havia sido de um conselheiro e ainda esperava que o tirasse dali):

– Não houve tão honrado ofício no mundo de dez anos para cá, pois até parecíamos confessores e soubemos nós muitas coisas que não souberam eles. Como se condenaram as mulheres dos alfaiates, se não fosse pelo desvanecimento de se ver em uma carruagem? Há mulheres deles, de honra postiça, que vão pelos próprios pés ao dom como à pia santa catecúmena, que por puxar uma cortina, ir a uma testeira, fartará de almas aos diabos.

– Agora - disse um diabo - o cocheirinho se soltou e não calará em dez anos.

– Por que tenho que calar? – disse -, se nos tratam desta maneira, devendo agradecer-nos; não trazemos para o inferno o gado maltratado, arrastado, como os sempre rasgados escudeiros, mancando e a pé, e sim descansados, limpos e em carruagens. Por outros o faríamos se o soubessem agradecer! Dizer que eu mereço isso porque levei aleijados à missa, doentes a comungar ou freiras a seus conventos! Não se provará que em minha carruagem entrasse ninguém com bom pensamento. Chegou a tanto que, para se casar e saber se era donzela, procurava-se a informação de se havia entrado nela, porque era sinal de corrupção. Depois disto me dão este pagamento?

– Vai! – disse um demônio mulato e canhoto.

Redobrou os paus e calaram-se; o mau cheiro dos cocheiros que andavam por lá me forçou a seguir em frente.

Cheguei a umas abóbadas onde comecei a tremer de frio e bater os dentes. Perguntei curioso pela novidade de ver frio no inferno, o que era aquilo, e um diabo com esporas e cheio de rachaduras e frieiras me disse:

– Senhor, o frio é porque aqui estão recolhidos os bufões, rufiões e poetas grosseiros, homens demais que sobravam no mundo e que se estivessem soltos, sua frieza temperaria a dor do fogo.

Pedi licença para vê-los e, quando cheguei, lá vi a baia mais infame do mundo, e uma coisa que não haverá quem acredite: atormentavam-se uns aos outros com as coisas que haviam dito aqui. Vi entre os bufões muitos homens honrados. Perguntei a causa e um diabo me respondeu que eram aduladores, e que por isso eram bufões. Perguntei eu como se condenavam e me responderam que como se condenam outros por não ter graça, eles se condenam por tê-la ou querer tê-la.

– Tem gente que vem sem avisar, com a mesa posta e a cama feita, como em sua casa. Em parte os queremos bem, porque eles são diabos para si e para outros, nos poupam o trabalho e se condenam a si mesmos; a maior parte da vida já andam com a marca do inferno, porque o que não se deixa arrancar os dentes por dinheiro, deixa baterem em suas nádegas ou tirar as sobrancelhas, e assim quando os atormentamos aqui, muitos deles depois das penas só sentem falta do pagamento. Veja aquele - me disse-. Foi mau juiz e está entre os bufões, pois não fez justiça para dar o gosto, e aos direitos que não fez caolhos os fez vesgos. Aquele foi marido descuidado, e está também entre os bufões, porque por dar o gosto a todos vendeu o que tinha com sua esposa. Aquela mulher foi jogral e está entre os rufiões, porque para dar o gosto fez de si mesma prato para todo apetite. Finalmente, chegam bufões de toda parte por isso há tantos; olhando bem, todos são bufões pois ficam rindo uns dos outros , e em todos, como digo, é natureza e em poucos ofício. Fora disto há bufões desgarrados e bufões em cachos; os desgarrados são os que de um em um ou dois em dois andam pelas casas dos senhores. Os de cachos são farristas miseráveis, e esses, garanto, se não viessem para cá, nós iríamos buscá-los. Travou-se uma luta lá dentro e o diabo foi ver o que era. Eu, que me vi solto, entrei em um curral que fedia tanto que não dava para aguentar.

– Como fede – disse eu. Aposto que aqui estão alojados os sapateiros. Era isso mesmo, porque ouvi o barulho que faziam e vi as ferramentas. Tampei o nariz e me debrucei onde estavam; havia uma infinidade. O guardião me disse:

– Estes são os que vieram por si mesmos, e como outros que vão para o inferno por seus próprios pés, estes vão pelos alheios e pelos seus, por isso vêm tão leves. Dou fé que no inferno todo não há nenhuma árvore nem pequena nem grande e que Virgilio mentiu dizendo que havia murtas no lugar dos amantes, porque só vi selva no quartel dos sapateiros. Estavam quase todos os sapateiros vomitando de nojo de uns pasteleiros que se aproximavam das portas; não cabiam em um silo onde havia tantos que andavam mil diabos atestando almas de pasteleiros e ainda não era suficiente.

– Ai de nós! – disse um – que nos condenamos pelo pecado da carne sem conhecer mulher, tratando mais de ossos.

– Ladrões! Quem merece o inferno mais do que vocês, que fizeram os homens comerem caspa e serviram lenços, soando o nariz neles, onde muitas vezes passou por cana o tutano do nariz? Quantos estômagos poderiam latir se ressuscitassem os cães que lhes fizeste comer! Quantas vezes passou por passa a mosca gulosa, e muitas foi o maior bocado de carne que comeu o dono do pastel! Vocês se queixam, sendo gente antes condenada que nascida os que fazem assim seu ofício? O que dizer então de seus caldos? Sofram e calem-se, que mais fazemos nós em atormentá-los que vocês em sofrê-lo. Vão em frente que temos mais o que fazer.

Parti dali e subi uma ladeira onde estavam ardendo uns homens no fogo imortal, o qual era aceso pelos diabos com ajudantes que sopravam muito; mesmo lá têm esse ofício eles e os malditos alguazis; ao soprar gritavam:

– Eu vendi o justo, por que me perseguem?

Eu pensei: – Vendeste o justo? Este é Judas – me aproximei para ver se a barba era preta ou vermelha e o reconheci; era um mercador que havia morrido fazia pouco.

– Estás aqui? – disse eu – Teria sido melhor ter poucos bens e não estar aqui.

Um dos atormentadores disse:

– Pensaram os ladrões que não havia mais e quiseram com a vara de medir, fazer o que fez Moisés com a vara de Deus, e tirar água das pedras. Estes são – disse - os que ganharam como bons cavalheiros o inferno por seus polegares, pois medindo as polegadas chegaram aqui. Mas quem duvida que a escuridão de suas tendas prometia-lhes estas trevas? Esta gente – disse muito zangado - quis ser como Deus, pois pretenderam ser sem medida; mas aquele que tudo vê os trouxe para que os atormentassem com raios. Se desejas saber como estes servem à loucura dos homens, deves advertir que se Deus fizesse com que o mundo amanhecesse sensato um dia, todos eles ficariam pobres, pois então se saberia que nos diamantes, pérolas, ouro e sedas pagamos mais o inútil e raro que o necessário e honesto. Percebam agora que a coisa mais cara no mundo é a que menos vale, que é a vaidade, e estes mercadores são os que alimentam todas as vossas desordens e vossos apetites.

Fui para a frente admirado por umas grandes gargalhadas. Achei estranho ouvir gargalhadas no inferno.

– O que é isso? – perguntei - quando vi dois homens gritando, muito bem vestidos. Um deles com capa e gorro, punhos como colarinhos e colarinho como calças. O outro trazia um pergaminho nas mãos, e a cada palavra que falavam, sete ou oito mil diabos caíam na gargalhada, e eles ficavam mais bravos. Aproximei-me para ouvi-los e ouvi o do pergaminho, que era fidalgo, dizendo:

– Se meu pai se dizia fulano de tal, e sou neto de Estevão tal e tal, e houve em minha linhagem treze capitães valorosíssimos, e da parte de minha mãe dona Rodriga descendo de cinco catedráticos, os mais doutos do mundo; como posso ser condenado? Sou livre de tudo e não tenho que pagar peito!

– Pois pague as costas - disse um diabo; e deu-lhe logo quatro pauladas nelas e derrubou-o ladeira abaixo, dizendo:

– Desenganem-se que quem descende do Cid, de Bernardo e de Godofredo e não é como eles, e sim vicioso como vocês, esse mais destrói a linhagem que a herda. Todo o sangue é vermelho, e pareçam nos costumes para que eu acredite que descendem do douto quando o forem ou procurarem sê-lo; se não for assim, sua nobreza será mentira breve enquanto durar a vida; na chancelaria do inferno se amassa o pergaminho e se consomem as letras, e quem no mundo é virtuoso esse é fidalgo; a virtude é coisa que aqui respeitamos, pois mesmo que descenda de homens vis e baixos, como ele com divinos costumes se faça digno de imitação, se faz nobre a si mesmo e faz linhagem para outros. Achamos graça de ver como ultrajam os vilãos, mouros e judeus, como se neles não coubessem as virtudes que vocês desprezam. São três coisas as que fazem um homem ridículo: a primeira, a nobreza, a segunda, a honra e a terceira, a valentia; certamente se satisfazem com a virtude e nobreza de seus pais para dizer que são suas. Acerta tendo muitas letras o filho do lavrador; é arcebispo o vilão aplicado a estudos honestos; e o cavalheiro que descende de bons pais, como se fossem governar o cargo que lhe dão, querem (vejam que cegos) que sirva a eles viciosos, a virtude alheia de trezentos mil anos, já quase esquecida, e não querem que o pobre se honre com a própria.

Roeu-se o fidalgo ao ouvir estas coisas, e o cavalheiro que estava ao seu lado estava aflito, arrumando o colarinho e as calças.

– O que dizer da honra mundana, que mais tiranias faz no mundo, e mais danos e gostos atrapalha? Morre de fome um cavalheiro pobre, que não tem o que vestir e anda rasgado e remendado, ou vira ladrão e não o pede, porque diz que tem honra, nem quer servir porque diz que é desonra. Tudo quanto se procura, dizem os homens que é para sustentar a honra. Como gastam a honra! Pela honra não come quem tem vontade onde gostaria; pela honra morre a viúva entre duas paredes; pela honra, sem saber o que é homem nem que gosto tem, passa a donzela trinta anos casada consigo mesma; pela honra vão os homens para o mar; pela honra um homem mata outro; pela honra gastam todos mais do que têm. A honra mundana é uma necessidade do corpo e da alma, pois a um tira os gostos e à outra, a glória. Para que vejam como são desgraçados os homens e o perigo que corre o que mais estimam, deve se advertir que as coisas mais valiosas são a honra, a vida e os bens. A honra está no arbítrio das mulheres, a vida nas mãos dos doutores e os bens nas penas dos escrivães.

Pensei:

– Como se vê que isto é o inferno, onde para atormentar os homens com amarguras dizes as verdades!

– A valentia, há coisa tão digna de zombaria? Não tem nenhuma no mundo a não ser a caridade que se vence com bravura, a de si mesmos e a dos mártires, o mundo todo é de valentes, sendo verdade que tudo o que fazem os homens, como fizeram tantos capitães valorosos, como houve na guerra, não o fizeram por valentia e sim por medo.

Aquele que luta na terra para defendê-la luta por medo de um mal maior, que é ser cativo ou morto, e quem sai para conquistar os que estão em suas casas, às vezes, o faz de medo que o outro não o acometa; os que não fazem esta tentativa estão vencidos pela cobiça (vejam que valentes!) a roubar ouro e a inquietar os povos afastados, para os que Deus colocou como defesa de nossa ambição mares e montanhas. Mata um ao outro primeiro, vencido pela ira, paixão cega e, às vezes, de medo que o mate a ele. Assim os homens, que entendem tudo ao contrário, chamam de bobo ao que não é sedicioso, desordeiro, maledicente; chamam de sábio ao perturbador e escandaloso; valente ao que perturba o sossego e covarde ao que com bons costumes, escondido, às vezes, não dá lugar a que lhe percam o respeito. Estes são os que não se permitem nenhum vício.

– Que coisa! - disse eu – Estimo muito ter ouvido este diabo.

O das calças apertadas, muito chateado, disse:

– Tudo isso se entende com esse escudeiro, porém não comigo, palavra de cavalheiro – e demorou quase uma hora para dizer cavalheiro, que é termo ruim e descortesia. Deve-se pensar que todos o somos!

Os diabos acharam muita graça e aproximando-se um disse que não ficasse zangado e que dissesse qual era a coisa que mais pena lhe dava, pois queriam tratá-lo como quem era. Nesse momento disse:

– Beijo-lhes as mãos; um molde para passar o colarinho.

Tornaram a rir e ele a se atormentar novamente. Eu, que tinha vontade de ver tudo, achando que já tivesse me detido muito, parti, e encontrei uma lagoa grande como o mar e mais suja, onde havia tanto barulho que me deixava zonzo.

Perguntei o que era aquilo e me disseram que ali penavam as mulheres que se tornaram donas do mundo. Assim soube como as donas daqui são rãs do inferno, que eternamente como rãs estão falando sem tom nem som, úmidas e no lodo; são propriamente rãs infernais, porque não são carne nem peixe. Achei graça de vê-las transformadas em bichos de pernas abertas que só se comem da metade para baixo, como a dona cuja cara é sempre enrugada. Saí, deixando o charco, e fui para um prado onde havia muitos homens se arranhando e gritando; eram muitos e havia seis porteiros. Perguntei a um que gente era aquela tão velha e em tanta quantidade.

Este é – disse – o quarto dos pais que se condenam por deixar seus filhos ricos; chama-se o quarto dos néscios.

– Ai de mim – disse um - , que não tive dia sossegado na outra vida, nem comia nem vestia acumulando bens e depois disso para aumentá-los; fazendo isso, morri sem médico para não gastar o dinheiro juntado; apenas expirei, meu filho enxugou as lágrimas com ele; certo de que estava no inferno, vendo o que eu tinha guardado, achou que não era necessário rezar missas como havia pedido. Permita Deus que aqui, para maior tristeza, o veja desperdiçar o que guardei; já o ouço dizer: "Já que meu pai se condenou, por que não pegou mais sobre sua alma, e se condenou por coisas de mais importância?"

– Quer saber – disse um demônio – isso é tão verdade que já há um refrão no mundo que diz "Feliz o filho que tem seu pai no inferno".

Mal ouviram isto, puseram-se todos a uivar e esbofetear-se. Senti pena, não pude aguentar e segui adiante. Chegando a uma prisão escuríssima, ouvi grande barulho de correntes e grilhões, fogo, açoites e gritos. Perguntei a um deles que lugar era aquele, e me disseram que era o quarto dos "Oh, quem dera!"

– Não entendo – disse - Quem são os "Oh, quem dera!"?

Ele respondeu:

São pessoas néscias que no mundo viviam mal e se condenaram sem entendê-lo, e agora aqui passam o tempo dizendo "Oh, quem dera houvesse ido à missa!, Oh, quem dera tivesse calado!, Oh, quem dera tivesse favorecido os pobres! Oh, quem dera tivesse confessado!"

Fugi amedrontado de gente tão má e cega e cheguei a uns currais com outros piores. Porém me admirou o título dos que estavam aqui, porque perguntando a um demônio ele me disse:

– Estes são os de "Deus é piedoso, Deus esteja comigo".

Perguntei:

– Como pode ser que a misericórdia condene? Você fala como diabo.

– E você – disse o diabo – como ignorante; não sabes que a metade dos que estão aqui se condena pela misericórdia de Deus? Olha quantos são os que, quando fazem algo mal feito, e são repreendidos, dizem: "Deus é piedoso, e não olha para ninharias; por isso a misericórdia de Deus é tanta". Com isto, enquanto eles fazendo o mal e esperam em Deus, nós os esperamos aqui.

– Então, não se deve esperar em Deus e em sua misericórdia? - disse eu.

– Não entendes – me responderam - , que se deve confiar na piedade de Deus, porque ajuda os bons desejos e premia as boas obras, porém não todas as vezes com consentimento de obstinações, para as almas que consideram a misericórdia de Deus encobridora de maldades, e a aguardam como eles querem e não como ela é, puríssima e infinita nos santos e capazes dela, pois os mesmos que mais estão confiando nela são os que menos lugar dão para seu remédio. Não merece a piedade de Deus quem sabendo que é tanta e a transforma em permissão e não em proveito espiritual e de muitos, Deus tem a misericórdia que não merecem; na maioria das vezes é assim, pois nada podem a não ser por seus méritos, e o homem o que mais faz é procurar merecê-la, deixando para o último dia o que gostaria de ter feito no primeiro, mas que na maioria das vezes passa o que temem que virá.

– Isso se vê e ouve no inferno? Ah, como aproveitará lá um desses que aprenderam!

Dizendo isso, cheguei a uma estrebaria onde estavam os tintureiros; não investigara quem eram porque os diabos pareciam tintureiros e os tintureiros, diabos. Perguntei a um mulato que tinha a testa cheia de chifres, onde estavam os sodomitas, as velhas e os cornudos. Ele disse:

– Estão em todo o inferno, porque essas pessoas em vida são diabos, pois é seu ofício levar coroa de ossos. Dos sodomitas e velhas, não só não sabemos deles, como não gostaríamos que soubessem de nós, porque com eles correm perigo nossas nádegas, por isso os diabos temos rabo; as velhas, porque mesmo aqui nos chateiam e atormentam, e não cansadas da vida, há algumas que nos namoram. Muitas vieram aqui muito enrugadas, de cabelos brancos e sem dente algum; nenhuma veio cansada de viver. O mais engraçado é que se perguntas, não há nenhuma velha no inferno, porque a que está calva e sem dentes, toda enrugada pela idade, diz que o cabelo caiu por uma doença, que os dentes caíram de comer doces, que está corcunda por uma batida e nunca confessará a idade.

Junto a eles havia alguns gritando e se queixando de sua desgraça.

– Que gente é esta? - perguntei. E me respondeu um deles:

– Os desventurados que morreram de repente.

– Mentes – disse um diabo – porque nenhum homem morre de repente e por descuido. Como pode morrer de repente quem desde que nasce vai correndo pela vida e leva consigo a morte? Qual outra coisa vem no mundo a não ser enterros, mortos e sepulturas? Qual outra coisa ouvem nos púlpitos e leem nos livros? Para onde olhar que não lembre a morte? A roupa que gasta, a casa que cai, o muro que envelhece, e até o sonho de cada dia lembra da morte retratando-a em si. Como pode ter homem que morra de repente no mundo, se sempre o estão avisando tantas coisas? Não devem chamá-los de gente que morreu de repente e sim gente que morreu incrédula de que poderia morrer assim.

Virei a cabeça e me vi em um lugar cheio de almas; senti um mau cheiro e perguntei:- O que é isto? Um juiz amarelo que estava castigando-os me respondeu:

– Estes são os boticários, que enchem o inferno; são gente que como outros buscam ajuda para se salvar, mas que a tem para se condenar. Estes são os verdadeiros alquimistas, não Demócrito Abderita na *Arte Sacra*, Avicena, Gleber nem Raimundo Lull, porque eles escreveram como era possível fazer ouro dos metais e não o fizeram; se o fizeram, ninguém soube porém esses boticários, da água turva e não clara fazem ouro; fazem ouro das moscas, do esterco; fazem ouro das aranhas, das lacraias e dos sapos e fazem ouro até do papel, pois vendem até o papel onde colocam o unguento. Assim só para eles Deus colocou virtude nas ervas e pedras e palavras, pois não há erva, por pior que seja, que não lhes valha dinheiro, até urtiga e cicuta, nem pedra que não lhes dê lucro. Nas palavras também, pois jamais faltam as coisas que lhes pedem, mesmo que não tenham, pois dão por óleo de Matiolo o óleo de baleia e quem compra só compra palavras. Seu nome não deveria ser boticário, e sim armeiro, e suas lojas não deveriam se chamar boticas e sim sala de armas dos doutores, onde o médico toma a adaga dos lambedores, o montante dos xaropes e o mosquete do maldito purgante, receitado demais. Muitos destes se salvam, porém não se deve pensar que quando morrem têm com que se enterrar. Se desejam rir, vejam atrás deles os barbeiros como penam, que subindo dois degraus estão nesse monte.

Passei lá e vi (que coisa tão admirável e que justa pena!) os barbeiros amarrados e as mãos soltas, e sobre a cabeça um violão, e entre as pernas um tabuleiro com as peças do jogo de damas; quando ia com aquela ânsia natural tocar o violão, este fugia e quando ia para baixo comer uma peça, o jogo sumia e esta era sua pena. Não entendi porque sai rindo.

Havia atrás de uma porta muitos homens se queixando de que não os levassem em conta nem para atormentá-los, e um diabo lhes dizia que eram tão diabos como eles, que atormentam os outros.

– Quem são? – perguntei. E disse o diabo:

– Com perdão da palavra, os canhotos, gente que não consegue fazer as coisas direito, se queixando de que não estão com os outros condenados; e aqui duvidamos se são homens ou outra coisa, porque no mundo eles só servem de incômodo e mau agouro já que se alguém vai fazer um negócio e encontra com canhotos reage como se encontrasse um corvo ou ouvisse uma coruja. Devem saber que quando Scévola queimou o braço direito porque errou Porsena, não foi por queimá-lo e ficar manco e sim como um grande castigo, disse: "Errei o golpe? Pois como punição ficarei canhoto". Quando a justiça manda cortar a mão direita de alguém, a pena é deixá-lo canhoto; e querendo lançar uma maldição grande e muito feia disse:

Lançada por mouro canhoto
te atravesse o coração

e no dia do Juízo todos os condenados, como sinal de sê-lo, estarão do lado esquerdo. Afinal, é gente feita do avesso e que se duvida se são gente.

Nisto, um diabo, fazendo sinais, me chamou dizendo para não fazer barulho. Aproximei-me e me debrucei em uma janela, e ele disse:

– Olha o que fazem as feias.

E vejo uma multidão de mulheres, umas apertando pontos no rosto, outras se fazendo de novo, porque nem a estatura, nem o cabelo com tinta, nem as sobrancelhas pintadas, nem o corpo nas roupas, nem o rosto enfeitado, nem a boca com cor, eram com os que tinham nascido. Vi algumas povoando suas calvas com cabelos que só eram seus porque haviam pagado por eles.

– Não queiras mais das invenções das mulheres – disse um diabo - que até brilho têm, sem ser sóis nem estrelas. A maioria dorme com uma cara e levanta com outra, e dorme com uns cabelos e amanhece com outros. Muitas vezes pensam que gozam a mulher de outro e não passa o adultério da casca. Olha como consultam o espelho. Estas são as que se condenam somente por boas sendo más.

Espantou-me a causa pela qual se haviam condenado aquelas mulheres. Voltando, vi um homem sentado em uma cadeira, só sem fogo, nem gelo, nem demônios, nem pena nenhuma, dando os mais desesperados gritos que ouvi no inferno, chorando o próprio coração, despedaçando-se.

– Valei-me, Deus! – disse em minha alma - Do que se queixa este se ninguém o está atormentando?

E ele aumentava seus alaridos.

– Me diga – disse eu – o que és e de que te queixas, se ninguém te incomoda, se o fogo não te queima nem o gelo te cerca?

– Ai! – disse gritando – a maior pena do inferno é a minha. Achas que me faltam verdugos? Triste de mim que os mais cruéis estão entregues a minha alma! Não os enxergas? – disse, e começou a morder a cadeira e a girar em volta gemendo:

– Olha como sem piedade vão medindo as descompassadas culpas eternas penas. Ai, que terrível demônio é a memória do bem que pude ter feito, dos conselhos que desprezei e dos males que fiz! Que representação tão contínua! Deixas-me tu e sai o entendimento com imaginações de que há glória que pude gozar, e que outros gozam com menos trabalho que eu minhas penas! Que belo pintas o céu, para me acabar! Deixe-me nem que seja um pouco! Ai, hóspede, quais três chamas invisíveis, e quais executores incorpóreos me atormentam nas três potências da alma!. E quando estes se cansam contra o verme da consciência, cuja fome de comer a alma nunca acaba. Estou aqui miserável e perpétuo alimento para seus dentes.

Dizendo isso, saiu a voz:

– Há em todo este desesperado palácio quem troque suas almas e seus verdugos por minhas penas? Assim, mortal, pagam os que souberam no mundo, tiveram letras e discurso e foram discretos; eles são inferno e martírio de si mesmos.

Amorteceu seu exercício com mais mostras de dor. Afastei-me dele dizendo:

– Veja de que serve o caudal de razão, doutrina e bom entendimento mal aproveitado. Quem o viu chorar só e dentro de sua alma o inferno!

Cheguei a um local onde muitos penavam em diversos lugares; vi uns carros que vinham atazanando muitas almas com pregões na frente. Aproximei-me para ouvir o pregão, que dizia:

– Estes, Deus manda castigar por escandalosos e porque deram mau exemplo.

Vi que todos os que penavam cada um os metia em suas penas, e assim sentiam as de todos, como causadoras de sua perdição. Estes são os que ensinam os maus costumes no mundo, de quem disse Deus que seria melhor que não tivessem nascido.

Achei graça de ver uns taverneiros que andavam soltos por todo o inferno, penando sob sua palavra, sem nenhuma prisão, tendo-a os que estavam com eles. Perguntando por que só eles andavam soltos, disse um diabo:

– Nós lhes abrimos as portas, porque não se deve temer que irão embora do inferno os que no mundo fazem tanto para vir aqui. Fora que os taverneiros transplantados para cá, em três meses são tão diabos quanto nós. Só cuidamos que não cheguem ao fogo dos outros para que não o águem. Se querem saber coisa notáveis, cheguem até aquela cerca; verão na parte mais profunda do inferno Judas com sua excomungada família de malditos.

Assim o fiz e vi Judas, cercado de seus sucessores e sem rosto. Não saberei dizer que me tirou a dúvida se tinha a barba vermelha como o pintam os espanhóis para dizer que era estrangeiro, ou a barba negra como o pintam os estrangeiros para dizer que era espanhol, porque me pareceu capão; não é possível menos, nem que tão má inclinação e mau ânimo tão dobrados estivessem de outra forma que não em quem por sê-lo, não fosse nem homem nem mulher. Quem senão um capão teria tão pouca vergonha que beijaria Cristo para vendê-lo? Quem senão um capão teria tão pouco ânimo que se enforcaria, sem se lembrar da muita misericórdia de Deus? Creio muito certo o que manda a Igreja Romana, porém no inferno Judas pareceu-me capão. Digo o mesmo dos diabos, que são todos capões, sem barba e enrugados, apesar de suspeitar que como todos se queimam, estão lampinhos de se chamuscar no fogo e enrugados pelo calor; deve ser isso mesmo, porque não vi sobrancelhas nem cílios e todos eram calvos.

Estava Judas muito contente de ver os vendeiros que vinham cortejá-lo e entretê-lo (muito poucos disseram que deixavam de imitá-lo); olhei mais atentamente e fui me aproximando de onde estava

Judas e vi que a pena dos vendeiros era que, como a Titio o abutre come as entranhas, a eles as descarnavam duas aves ladras e um diabo dizia de tanto em tanto:

– Ladrões são vendeiros e os vendeiros são ladrões.

Com este pregão todos estremeciam, e Judas estava com suas trinta moedas se atormentando. Não aguentei e aproximando-me disse:

– Como, traidor infame, sobre todos os homens, vendeste teu Mestre, teu Senhor e teu Deus, por tão pouco dinheiro?

Ao que respondeu:

– Por que se queixam disso se foi bom para vocês, pois fui o meio para vossa saúde? Eu é que devo me queixar, pois me dei mal; houve hereges que me veneraram porque dei início na entrega à medicina para seus males. Não pensem que só eu sou o Judas, porque depois que Cristo morreu há outros piores e mais ingratos, pois não só o vendem, mas o vendem e compram, açoitam e crucificam; e o que é pior, ingratos à vida, paixão, morte e ressurreição, o maltratam e perseguem em nome de seus filhos. Se eu o fiz antes que morresse, com o nome de apóstolo e traidor, este pote o diz, que é o da Madalena, que cobiçoso queria que se vendesse e desse aos pobres; agora uma das maiores penas que tenho é esta de ver o que queria para remediar os pobres, vendido, porque tudo vendia, e depois por vender o unguento, vendi o Senhor que o tinha, e assim remediei mais pobres que os que queria.

– Ladrão! – disse eu, que não consegui me segurar – se vendo a Madalena aos pés de Cristo, tocou-te a cobiça de riqueza, deverias ter recolhido as pérolas das muitas lágrimas que chorava, te fartarias de ouro com os fios de cabelo que arrancava de sua cabeça, e não cobiçarias seu unguento com alma boticária. Uma coisa gostaria de saber de ti: por que te pintam com botas e dizem "as botas do Judas?"

– Não porque as trouxe – respondeu – mas quiseram significar colocando-me botas, que estive sempre no caminho do inferno, e por ser traidor; e assim se pintarão todos os que o são. Esta foi a causa, e não o que alguns deduziram vendo-me com botas, dizendo que era português, o que é mentira; eu fui... - não me lembro bem de onde disse que era, se da Calábria, se de outro lugar - . Deves advertir que sou o vendeiro condenado por vender, pois todos os demais, tirando alguns, se condenam por comprar. No que dizes que fui traidor e maldito dando Cristo por preço tão baixo, tens razão, mas não podia fazer outra coisa confiando em gente como os judeus, que eram tão ruins, que penso que se pedisse mais dinheiro por ele, não aceitariam. Estás muito espantado e acreditas que sou o pior homem que houve; vai lá embaixo, e verás muitíssimos piores. Vai – disse - que já chega de conversar com Judas.

– Dizes a verdade – respondi. Fui para onde me indicou e encontrei muitos demônios no caminho com paus e lanças mandando embora muitas mulheres belíssimas e muitos maus letrados. Perguntei por que estavam mandando embora do inferno só aqueles e disse um demônio que porque eram de grande proveito para a população do inferno no mundo das damas com seus rostos, suas mentirosas belezas e bom parecer, e os letrados com boas caras e mau parecer; os mandavam embora para que trouxessem gente.

O pleito mais intrincado e o caso mais difícil que eu vi no inferno foi uma mulher condenada com muitas outras por más, na frente de uns ladrões, a qual dizia:

– Diga-nos, senhor, como é isso de dar e receber, se os ladrões se condenam por pegar o alheio e a mulher por dar o que é seu? Aqui se sendo puta, dá cada uma o que é seu, do que estão nos culpando?

Deixei de escutá-la e perguntei:

– Onde estão os escrivães? É possível que não haja nenhum no inferno e que não achei nenhum pelo caminho?

Respondeu-me um demônio:

– Acho que não encontrarias nenhum nele.

– Pois o que fazem, salvam-se todos?

– Não – disse – porém deixam de andar e voam com as penas. Não ter escrivães pelo caminho da perdição não é porque muitíssimos que são maus não vêm para cá por ele, e sim porque vêm com tanta pressa que voam, chegam e entram, tudo rapidamente, e por isso não se encontram no caminho.

– E aqui – disse eu – como não há nenhum?

– Há sim – respondeu – mas não usam o nome de escrivães, aqui são conhecidos como gatos. Para que vejas quantos há, olha só que sendo o inferno uma grande casa, tão antiga, tão maltratada e suja, não há um rato nela, porque eles caçam todos.

– E os maus alguazis não estão no inferno?

– Não há nenhum no inferno - disse o demônio.

– Como pode ser, se condenam alguns maus entre muitos bons que há?

– Digo que não estão no inferno porque em cada alguazil mau, mesmo em vida, todo o inferno está nele.

Eu me benzi e disse:

– Estou vendo como querem mal aos alguazis os demônios.

– Como não vamos querê-los mal, se como são endiabrados os maus alguazis, tememos que façam com que nós sobremos nisso de condenar almas; que venham a ficar com o ofício de demônios e que Lúcifer queira poupar diabos e nos dispense para recebê-los.

Não quis ouvir mais e fui em frente, e por uma rede vi um ameno cercado todo cheio de almas que, umas com silêncio e outras com pranto, estavam se lamentando.

Disseram-me que era o retiro dos apaixonados. Gemi tristemente vendo que mesmo na morte não deixavam de suspirar. Uns correspondiam a seus amores e penavam com duvidosas desconfianças. Quantos deles punham a culpa de sua perdição em seus desejos, cuja força ou cujo pincel mentiu belezas! A maioria estava destruída por "pensei que", conforme me disse um diabo.

– O que é "pensei que" – disse eu – que tipo de delito?

– Riu e replicou:

– São os que se destroem confiando em fabulosos semblantes, e logo dizem: "Pensei que não me obrigaria", "Pensei que não me apaixonaria", "Pensei que ela me daria e não me tiraria", "Pensei que não tivesse outro com quem brigar", "Pensei que se conformava só comigo", "Pensei que me adorava"; e assim todos os amantes do inferno estão por "pensei que".

Estas são pessoas em quem mais execuções faz o arrependimento e os que menos sabiam de si. Estava no meio deles o Amor cheio de sarna, com um rótulo que dizia:

Não há quem este amor não dome
sem justiça ou com razão
que é sarna e não afeição
amor que gruda e come.

Não andam longe daqui os poetas; e, quando me virei, vi um bando de até cem mil deles em uma gaiola, os chamados de orates. Tornei a olhá-los e me disse um, sinalando as mulheres que digo:

– Estas belas senhoras, todas viraram meio camareiras dos homens, pois os despem e não os vestem.

– Gastam conceitos mesmo estando aqui? – disse eu; quando um, que estava acorrentado e com mais penas que todos, disse:

– Reze a Deus, irmão, que assim se veja quem inventou as rimas.

Disse que uma senhora era absoluta,
e sendo mais honesta que Lucrecia,
para finalizar o quarteto a fiz puta.
Forçou-me a rima chamar de néscia
à de mais talento e maior brio,
oh, lei de rimas dura e forte!
Havendo em um terceto tal problema,
um fidalgo enfrentei tão somente
porque o verso acabou bem em judeu.
Chamei Herodes outra vez de inocente,
mil vezes o doce disse amargo
e chamei ao tranquilo de impertinente.
E pela rima tenho a meu cargo
outros delitos torpes, feios, rudes,
e chega meu processo a ser tão longo
que porque em uma oitava disse escudos,
fiz sem mais nem mais sete maridos
com honradas mulheres serem cornudos.
Aqui nos têm, como vês, metidos
e pela rima condenados,
a puros versos, como vês, perdidos,
oh, míseros poetas desafortunados!

– Há tão graciosa loucura – disse eu – que mesmo aqui estão sem deixá-la nem descansar dela? E dizia um diabo:

– Essa é gente que canta seus pecados, como outros os choram; pois se amancebando, fazendo-a pastora ou mourisca a tiram da vergonha em um romancezinho pelo mundo todo. Se gostam de suas damas, o máximo que dão é um soneto ou umas oitavas, e se as aborrecem ou as deixam, o mínimo que dão é uma sátira. Vê-los, carregados de esmeraldas, de cabelos de ouro, de pérolas pela manhã, de fontes de cristal, sem encontrar sobre tudo isto, o dinheiro para uma camisa e sua criatividade. São pessoas que nem sabem de que lei são, porque o nome é de cristãos, as almas de hereges, o pensamento de árabe e as palavras de gentis.

Segui em frente e os deixei com o desejo de chegar aonde estavam os que não souberam pedir a Deus. Oh, que mostras de dor tão grandes! Que pranto tão doloroso! Todos tinham as línguas condenadas à prisão perpétua e possuídos pelo silêncio, tal martírio ouviam na voz áspera de um demônio.

– Oh, curvadas almas, inclinadas no chão, que com orações e rogo mercador e comprador os atreveste a Deus e pediste coisas que, envergonhado de que outro homem ouvisse, aguardavas recolher só nos retábulos. Como tiveste mais respeito aos mortais que ao Senhor de todos? Quem os vê em um canto temerosos de ser ouvidos, pedir murmurando, sem dar licença às palavras que saem por entre os dentes fechados de ofensas: "Senhor, que morra meu pai e eu o suceda em seus bens", "Leve para seu reino meu irmão mais velho para que eu receba a herança", "Que eu encontre uma mina debaixo dos meus pés", "Que o rei se incline a me favorecer e eu me veja coberto por seus favores". Veja – disse - aonde chegou uma desvergonha que te atreveste a dizer: "Faça isto, que, se o fizeres, te prometo casar duas órfãs e vestir seis pobres". Que cegueira dos homens é prometer dádivas a quem as pede, sendo Ele a suma riqueza! Pediste a Deus por mercê o que Ele costuma dar por castigo, e se o dá, lhes pesa havê-los tido quando morrem; se não o dá, quando vivem. Que tempestade não cheia de promessas dos santos e que bonança não os torna a despir com o esquecimento? Suas oferendas nascem da necessidade e não da devoção. Pediram alguma vez a Deus paz na alma, aumento de graça ou favores seus e inspirações? Certamente que não; nem mesmo sabem para que são necessárias essas coisas, nem o que são. Ignoram que o holocausto, sacrifício e oblação que Deus recebe de vocês é da pura consciência, humilde espírito, caridade ardente; isto, acompanhado por lágrimas, é moeda que, mesmo Deus, quer de nós. Deus, por seu bem, gosta que se lembrem dele; e como se não for nos trabalhos, não se lembram, por esse motivo dá o trabalho para que o tenham na memória. Considerem vocês, néscios pedintes, como rapidamente terminaram as coisas que pediram a Deus, que rápido os deixaram e como, ingratas, não os acompanharam no último passo.

Veem como seus filhos não gastam um real de seus bens em obras pias, dizendo que não é possível que vocês gostem delas, porque se gostassem, em vida teriam feito algumas? E pedem algumas coisas a Deus que muitas vezes, por castigo pela falta de vergonha com que pedem, as concede. Como suma sabedoria, conheceu o perigo que há em não saber pedir, pois o primeiro que ensinou no *pai nosso* foi pedir; porém poucos entendem aquelas palavras onde Deus ensinou a linguagem com a qual deves tratar com Ele.

Quiseram me responder, mas as mordaças não deixavam. Eu, vendo que não iam dizer uma palavra, segui em frente onde estavam os encantadores ardendo vivos e os saudadores, condenados por mentirosos. Disse um diabo:

– Vejam aqui estes tratantes, mercadores de cruzes que enganaram o mundo, e quiseram fazer crer que o falador podia ter alguma coisa boa. Esta gente é tão encantadora que jamais ninguém se queixou deles, porque se curam lhes agradecem e se os matam não podem se queixar; sempre agradecem o que fazem porque se curam o doente é bom e, se matam, o herdeiro agradece o trabalho; se curam com água e panos uma ferida que a natureza curou, dizem que é devido a umas palavras mágicas que um judeu ensinou; se piora e morre, diz que chegou sua hora. É de se ouvir as mentiras que contam, de um que tinha as tripas de fora, e outro que estava virado pelo quadril! O que mais me espanta é que sempre medi a distância de suas curas, e sempre as fizeram a cinquenta ou sessenta léguas dali, estando ao serviço de um senhor que já morreu há treze anos, para que não se saiba da mentira; a maior parte destes que saram com água, adoecem com vinho. Afinal estes são aqueles pelos quais se diz ”furtam que é uma bênção”, porque com a bênção furtam, depois de ser sempre ignorantes. Notei que quase todos os encantadores estão cheios de solecismos pelos quais nada pode ser feito. Finalmente, seja onde for, eles estão aqui, já que há outros bons homens, que como amigos de Deus alcançam dele a saúde para os que curam, pois a sombra de seus amigos costuma dar vida. Mas para ver gente boa olhem os saudadores, que também dizem que têm virtudes.

Eles se agoniaram e disseram que era verdade que a têm; nisso um diabo respondeu:

– Como é possível que em nenhum caminho se encontre virtude em gente que anda sempre soprando?

– Alto – disse um demônio – porque estou zangado. Vão ao quartel dos porqueiros, que vivem do mesmo.

Foram, mesmo contra a vontade. Desci outro degrau para ver os que Judas disse que eram piores que ele e encontrei em uma alcova muito grande pessoas desatinadas, que os diabos confessaram que não entendiam. Eram astrólogos e alquimistas; estes andavam cheios de fornos e crisóis, de lodo, de minerais, de escórias, de chifres, de esterco, de sangue humano, de pós e de alambiques. Aqui calcinavam, ali lavavam, lá separavam e acolá purificavam. Um estava fixando o mercúrio ao martelo, e tendo o fogo resolvido a matéria viscosa e afugentado a parte sutil, chegando ao crisol, esfumaçava. Outros disputavam para ver se iam por fogo, ou luz resultante do calor e não calor resultante do fogo. Alguns, com o sigilo de Hermete, iniciavam a obra magna, e em outro lugar viam já o negro branco e aguardavam o vermelho. Juntando a isto a proposição da natureza "com a natureza se conforma a natureza, e com ela mesma se ajuda", e os demais oráculos cegos, esperavam a redução da primeira matéria e afinal reduziam seu sangue à última podridão, e em lugar de fazer o esterco, cabelos, sangue humano, chifres e escória, ouro, faziam do ouro, esterco gastando-o estupidamente. Oh, quantas vozes ouvi sobre o pai morto e ressuscitá-lo e tornar a matá-lo! E que broncas lhes davam para entender aquelas palavras tão referidas por todos os autores químicos: "Graças sejam dadas a Deus, que da coisa mais vil do mundo, permitiste fazer uma coisa tão rica!" Sobre qual era a coisa mais vil ardiam. Um dizia que já a tinha encontrado, e se a pedra filosofal era a coisa mais vil, era bom conseguir ajudantes, para cozinhar e destilar; e assim decidiram que a coisa mais vil do mundo eram os alfaiates, pois a cada ponto se condenavam, e eram gente mais enxuta. Teriam fechado com eles se um diabo não tivesse dito:

– Querem saber qual é a coisa mais vil? Os alquimistas, e assim para que se faça a pedra é necessário queimar a todos.

Deram-lhes fogo e ardiam quase de boa vontade, só para ver a pedra filosofal.

Do outro lado, não era menor o barulho de astrólogos e supersticiosos. Um cartomante ia pegando nas mãos de todos os outros que tinham se condenado, dizendo:

– Que claro se vê que seriam condenados estes, pelo monte de Saturno!

Outro que estava engatinhando com um compasso medindo alturas e anotando estrelas, cercado de efemérides e tabelas, levantou-se e disse em voz alta:

– Por Deus que se minha mãe tivesse me parido meio minuto antes eu me salvaria, porque Saturno naquele ponto mudava de aspecto, e Marte passava para a casa da vida; Escorpião perdia sua malícia, e eu, como saí procurador, fui pobre mendigo.

Outro, atrás dele, andava dizendo aos diabos que o atazanavam que olhasse bem se era verdade que havia morrido, que não podia ser, porque tinha Júpiter por ascendente e Vênus na casa da vida, sem nenhum mau aspecto e que era forçoso que vivesse noventa anos.

– Olhem – dizia – peço-lhes que olhem bem se sou defunto, porque pelas minhas contas é impossível que seja verdade.

Ia e vinha e ninguém conseguia tirá-lo dali.

Para emendar a loucura deles, saiu outro geomântico colocando-se a par das ciências, fazendo suas doze casas governadas pelo impulso das mãos e riscas imitando dedos, com supersticiosas palavras e oração. Depois de somados seus pares e ímpares, tirando juiz e testemunhas, começava a querer provar qual era o astrólogo mais certo, e se dissesse, acertaria, pois sua ciência não tem nenhum fundamento; mesmo que pese a Pedro Abano, que era um dos que estavam ali acompanhando Cornélio Agrippa, que com uma alma ardia em quatro corpos por suas obras malditas e excomungadas, era famoso feiticeiro. Depois deste vi com sua *Poligrafia* e *Esteganografia* o abade Tritemio, cheio de demônios, já que em vida parece que sempre teve fome deles, muito zangado com Cardano, que estava na sua frente, porque falou mal dele, e soube ser o maior mentiroso em seus livros *De subtilitate*, por feitiços de velhas que neles juntou. Julio César Scalígero estava se atormentando, por outro lado em suas *Excitações*, enquanto pensava nas desavergonhadas mentiras que escreveu de Homero e as falsas testemunhas que levantou. Estava rindo de si mesmo Artefio, com sua mágica, fazendo umas tabelas para entender a linguagem das aves; Misaldo muito triste estava arrancando as barbas, porque depois de tantos experimentos disparatados não encontrava novas necessidades para escrever. Teofrasto Paracelso estava se queixando do tempo que havia perdido com a alquimia, porém contente de haver escrito medicina e magia que ninguém entendia e haver enchido as imprensas de coisas inúteis. Atrás de todos, estava

Hubequer, o mendigo, vestido com os farrapos dos que escreveram mentiras e porcarias, feitiços e superstições. Lá estava o secreto autor da *Clavicula Salomonis*, e o que lhe imputou os sonhos. Como zombava das vãs e néscias orações, o herege que fez o livro *Adversus omnia pericula mundi*! Que bem ardia Catão e as obras de Razes! Estava Taisnerio com seu livro de fisionomias e mãos penando pelos homens que haviam ficado loucos com suas besteiras e ria, sabendo o velhaco que as fisionomias não se podem tirar de particulares rostos de homens que, ou por medo ou por não poder não mostram as suas inclinações e as reprimem; só rostos de príncipes e senhores sem superior, são quem as inclinações não respeitam nada para se mostrar. Estava Cicardo Eubino com o rosto nas mãos, e os brutos, comparando pela cara a similitude dos costumes. Escoto, o italiano não estava lá por feiticeiro e mágico, e sim por mentiroso e embusteiro. Havia outra grande cópia, e aguardavam, sem dúvida, muita gente, porque havia grandes espaços vazios. Ninguém estava com justiça entre todos estes autores presos por feiticeiros, a não ser umas belas mulheres, porque seus rostos foram no mundo o verdadeiro feitiço; porque as damas são o veneno da vida, que perturbando as potências e ofendendo os órgãos da vista, são causa de que a vontade queira por bom o que, ofendidas, as espécies representam.

Vendo isto, pensei:

Acho que estamos chegando ao quartel dos piores que Judas.

Apressei-me e finalmente cheguei à parte onde, sem ajuda do céu, não se podia dizer o que havia. Na porta estava a Justiça de Deus espantosa, e na segunda entrada o Vício desavergonhado e soberbo, a Malícia ingrata e ignorante, a Incredulidade resoluta e cega, e a Desobediência bestial e desbocada. Estava a Blasfêmia insolente e tirana, cheia de sangue, latindo por cem bocas e vertendo veneno por todas com os olhos armados de chamas ardentes. Grande horror me deu no limiar. Entrei e vi na porta uma grande quantidade de hereges antes de nascer Cristo; estavam os ofitas, que se chamam assim em grego pela serpente que enganou Eva, a qual veneravam para que soubéssemos sobre o bem e o mal; os que louvavam Caim, porque como diziam, sendo filho do mal, prevaleceu sua maior força contra Abel; Estava Dositeu ardendo em um forno, o qual pensou que havia de viver somente conforme a carne, e não acreditava na ressurreição, privando-se a si mesmo, mais ignorante que todas as bestas, de um bem tão grande, pois de ser assim, se fôssemos animais como os outros, para morrer consolados devíamos fingir eternidade a nós mesmos; assim chama Lucano em boca alheia aos que acreditam na imortalidade da alma "Felices errore suo", felizes com seu erro.

– Se isso fosse assim, que morressem as almas com os corpos malditos – disse eu – aconteceria que o animal do mundo a quem Deus deu menos discurso seria o homem, pois entende ao contrário o que mais importa, esperando imortalidade, e seria porque a mais nobre criatura deu menos conhecimento e criou para maior miséria a natureza, que Deus não, pois quem segue essa opinião não acredita.

A seguir estava Sadoc. Os fariseus estavam aguardando Cristo, não como Deus, mas como homem. Estavam os adoradores do sol. Porém os mais engraçados são os que veneram as rãs que foram pragas ao Faraó, por ser açoite de Deus. Estavam os musoritas, fazendo ratoeiras ao rato de ouro; estavam os que adoraram a mosca acaronita; Ozias, que pediu saúde a uma mosca antes de pedir a Deus, e foi castigado por Elias. Estavam os trogloditas, os da fortuna do céu, os de Baal, os de Astarot, os do ídolo Moloc e Renfan; os da serpente de metal; e entre todos soava o barulho e o pranto das judias que debaixo da terra, nas covas, choravam Thamuz em seu simulacro. Seguiam os baalitas, logo a Pitonisa, e atrás os de Ashtar e Astarot, e finalmente os que aguardavam Herodes. Tomei-os a todos por loucos e mentecaptos. Mas cheguei logo aos hereges que havia depois de Cristo. Lá vi Tertuliano, concorrente dos Apóstolos quatorze anos antes que Orígenes, apóstata muito douto, atormentado por seus erros e convencido de si mesmo. Fui e, chegando,, vi que antes dele havia muitos, como Menandro e Simão Mago, seu mestre. Estava Saturnino inventando besteiras. Estava o maldito Basílides heresiarca. Estava Nicolau antioquense, Carpócrates e Cerinto e o infame Ebion. Veio logo Valentim, o que deu como início de tudo o mar e o silêncio; Menandro, o Moço da Samaria, dizia que ele era o Salvador e que tinha caído do céu, e para imitá-lo dizia Montano Frígio que ele era Paracleto. O seguem as desafortunadas Prisca e Maximilia heresiarcas. Seus sequazes chamavam-se catafriges e chegaram a tanta loucura que diziam que neles e não nos Apóstolos veio o Espírito Santo. Estava o bispo Nepos, afirmando que os Santos haviam de reinar com Cristo na terra mil anos em lascívias e regalos. Vinha a seguir Sabino, prelado herege, que no Cincilio Niceno chamou de idiotas aos que não seguiam Arrio. Depois em miserável lugar estavam ardendo, por sentença de Clemente, pontífice máximo que sucedeu Benedito, os templários, primeiros santos em Jerusalém e logo ricos idólatras e desonestos. Foi de se ver Guilherme, o hipócrita de Anversa, feito pai de putas, preferindo as rameiras às honestas e a fornicação à castidade! Aos pés dele jazia Bárbara, mulher do imperador Sigismundo, chamando de néscias às virgens, havendo muitas delas. Ela, bárbara como seu nome, servia de imperatriz aos diabos, e não estando farta de delitos nem mesmo cansada (que nisto quis tirar vantagem de Messalina), dizia que morria a alma e o corpo, e outras coisas bem dignas de seu nome. Fui passando e cheguei a um lugar onde havia um só no canto, muito sujo, com um calcanhar a menos e uma ferida no rosto, cheio de sinos, ardendo e blasfemando.

– Quem é você – perguntei – que entre tantos maus és o pior?

– Sou Maomé – disse ele.

– Você é – disse eu – o pior homem que houve no mundo, e o que mais almas trouxe para cá.

– Estou passando por tudo isto – disse – enquanto os desventurados africanos adoram o calcanhar que me falta.

– Espertinho, por que proibiu o vinho aos seus?

E ele respondeu:

– Porque se depois das bebedeiras que deixei no meu Alcorão permitisse as do vinho, todos seriam bêbados.

– E o toicinho, por que o proibiu, cão escravo, descendente de Agar?

– Fiz isso para não ofender o toicinho, comendo torresmo e bebendo água; apesar de eu comer toicinho com vinho; quis tão mal aos que acreditaram em mim, que aqui tirei-lhes a glória e lá o pernil e as botas. Ultimamente mandei que não defendessem minha lei com razão, porque não há nenhuma para obedecê-la nem sustentá-la; me seguir tanta gente não é virtude de milagres, mas a virtude de lhes dar a lei na medida de seus apetites, dando-lhes mulheres para mudar, e desonestidades tão feias como quisessem, e com tudo isso me seguiam todos. Porém não se concentrou em mim todo o dano; olha em volta e verás que gente encontras.

Virei-me e vi todos os hereges atuais e topei com Maniqueu. Vi uma porção de calvinistas arranhando Calvino!; entre eles estava Josefo Escalígero, por seu ateísmo e por ser tão blasfemo, desbocado, vão e sem juízo. Lá estava o maldito Lutero com sua capela e suas mulheres, inchado como um sapo e blasfemando, e Melancton, comendo as mãos, traz suas heresias. Estava o renegado Beza, mestre de Genebra, lendo sentado na cátedra de pestilência. Chorei vendo o douto Enrico Stefano. Perguntei não sei o que da língua grega, e a sua estava de tal maneira que só pode me responder com bramidos.

– Valha-me, Deus! – disse aproximando-me de Lutero; te atreveste a dizer que não deviam se adorar imagens, se nelas só se adora a grandeza espiritual que a nosso modo representam? Se dizes que para te lembrar de Deus não precisas imagens, é verdade, e não são para isso, e sim para promover afetos com a representação da verdade que reverenciamos e do Senhor que amamos; como os apaixonados, que trazem o retrato da amada, não para se lembrar dela, pois já pressupõem a lembrança trazendo o retrato, mas para se deleitar olhando o bem ausente. Dizes também que Cristo pagou por todos, e que devemos viver como gostaríamos, porque quem me fez sem mim me salvará; me fez sem mim, porém depois de feito, sente que eu destrua sua obra, manche sua pintura e apague sua imagem. E se como confessas, sentiu no primeiro homem tanto um pecado que, para satisfazê-lo, mostrando seu amor, morreu; como dizes que morreu para nos dar a liberdade de pecar quem sente tanto que pequemos? Se Cristo morreu e padeceu para nos ensinar o que custa um pecado e quanto devemos fugir dele, de onde tiras que morreu para nos permitir cometer delitos? Que satisfez por todos é verdade: mas não temos que trabalhar nós? Mentes, pois se deve trabalhar para não cair em outros e pagar os delitos cometidos. Zangou-se Deus por um pecado, quando lhe devemos toda a criação. Espantei-me, Lutero, de que não soubesses nada. De que te serviram tuas letras e agudeza? Diria mais se não tivesse me enternecido a desventurada figura do miserável Lutero.

Estava enforcado penando Hélio Eobano Hesso, célebre poeta competidor de Melancton. Chorei ao ver seu gesto torpe com feridas e golpes enfeando com chamas seus olhos.

Apressei-me para sair deste cercado e fui para uma galeria onde estava Lúcifer cercado de diabas, pois também há fêmeas. Não entrei porque não me atrevi a suportar seu aspecto disforme; só direi que essa galeria tão organizada não foi vista no mundo porque tinha pendurados imperadores e reis vivos, como aqui mortos. Lá vi toda a casa otomana, os de Roma por sua ordem. Procurei por espanhóis e não vi nenhuma coroa espanhola; fiquei muito contente. Vi figuras curiosíssimas, Sardanápalo fiando, o guloso Heliogábalo, Sapor com o sol e as estrelas. Viriato andava dando pauladas nos romanos; Átila revirava o mundo; Belizário, cego, acusava os atenienses. Veio um porteiro e me disse:

– Lúcifer manda dizer que para que tenhas o que contar no outro mundo, vejas seu camarim.

Entrei lá; era um aposento curioso e cheio de boas joias; havia uns seis ou sete mil cornudos e outros tantos alguazis estropiados.

– Estão aqui – disse eu – como ia achá-los no inferno se estavam aqui?

Havia um tonel de médicos e muitos coroados, aduladores e nos quatro cantos ardiam como tochas quatro maus pesquisadores, e as estantes estavam cheias de virgens, donzelas penadas. E disse o demônio:

– São donzelas que vieram para o inferno com os virgos, e se guardaram.

A seguir estavam os demandadores trabalhando, havia muitas almas, porque pedem para suas missas e consomem eles com vinho o que lhes dão (sem ser sacerdotes). Estava em um pedestal Sebastião Gertel, general da Alemanha contra o imperador, depois de haver sido seu alabardeiro. Saí e fiquei espantado, repetindo comigo estas coisas. Só peço a quem as leia que o faça de modo que o crédito seja proveitoso para que não conheça estes lugares. Certificando o leitor que não pretendo com isto nenhum escândalo nem repreensão, mas alertar sobre os vícios pelos quais os homens se condenam e são condenados.

Terminei este discurso em Fresno no final de abril de 1608, com 28 anos de idade.

Sub correctione sanctae Matris Ecclesiae.

O Mundo por Dentro

A Dom Pedro Girón, Duque de Osuna

Estas são minhas obras: claro está que V. Excelência julgará que elas não me levarão ao céu; mas como eu só pretendo delas que me deem nome neste mundo, e o que mais estimo é o de criado de V. Excelência, as envio para que, como tão grande príncipe, as honre. Dê Deus a V. Excelência sua graça e saúde, que o resto merecido o tem no mundo, sua virtude e grandeza.

Na aldeia, 26 de abril de 1612.
Dom Francisco Quevedo Villegas.

Ao leitor, como Deus me deparar, cândido ou purpúreo, pio ou cruel, benigno ou sem sarna

É coisa averiguada, assim o sente Metrodoro Chio e muitos outros, que não se sabe nada e que todos são ignorantes, e mesmo isto não se sabe, que se soubesse já se saberia algo; suspeita-se. Assim diz o douto Francisco Sanchez, médico e filósofo, em seu livro cujo título é *Nihil Scitur*, nada se sabe. No mundo há alguns que não sabem nada e estudam para saber, e estes têm bons desejos e vão exercício, porque afinal o estudo lhes serve para conhecer como é toda a verdade e a ignoram. Há outros que não sabem nada e não estudam porque pensam que sabem tudo; muitos destes são irremediáveis; a estes deve-se invejar o ócio e a satisfação e chorar pelo miolo. Há outros que não sabem nada e dizem que não sabem nada porque pensam que sabem algo; pois não sabem nada mesmo e a estes deveria se castigar a hipocrisia acreditando na confissão. Há outros, e estes são os piores, me incluo, que não sabem nada, nem querem saber nada, nem acreditam que se saiba nada, e dizem de todos que não sabem nada e todos dizem deles o mesmo, e ninguém mente. E, como gente que em coisas de letras e ciências não tem o que perder, se atrevem a imprimir e mostrar tudo quanto sonham. Estes dão trabalho às imprensas, sustentam os livreiros, gastam os curiosos e em definitiva servem às especiarias. Eu como um destes, e não dos piores ignorantes, não satisfeito com haver sonhado o *Juízo*, nem haver endemoniado um alguazil, e ultimamente ter escrito *O inferno*, agora venho sem tom nem som (mas não importa, porque isto não é dançar) com *O mundo por dentro*. Se te agradar e parecer bem agradece o pouco que sabes, pois com tão pouca coisa te contentas; se o achares ruim, culpa minha ignorância em escrevê-lo, e a tua por esperar outra coisa de mim. Deus me livre, leitor, de prólogos longos e de maus epítetos.

É nosso desejo sempre peregrino nas coisas desta vida, e assim, com vã solicitude anda de umas para outras sem saber achar pátria nem descanso; se alimenta da variedade e se diverte com ela; tem por exercício o apetite, e este nasce da ignorância das coisas, pois se as conhecesse quando cobiçoso e desalentado as busca, assim as aborreceria quando arrependido as despreza. É de considerar a grande força que tem, pois promete e persuade tanta beleza nos deleites e gostos, o que dura só na pretensão deles, porque chegando qualquer um a possuidor também está descontente. O mundo, que a nosso desejo sabe a condição, para lisonjeá-la, coloca-se à frente mutável e variado, porque a novidade e diferença é o enfeite com o qual mais nos atrai. Com isso acaricia nossos desejos, os leva atrás de si, e eles a nós. Seja por todas as experiências meu sucesso, pois quando mais apurado me encontrava de ter o conhecimento destas coisas, me encontrei em poder da confusão, possuído pela vaidade de modo tal que na grande população do mundo, perdido, corria para onde viam a beleza meus olhos, e onde traz conversa com amigos, de rua em rua, como fábula de todos. Em lugar de desejar a saída do labirinto, procurava que crescesse meu engano. Pela rua da ira, descomposto, seguia as pendências pisando sangue e feridas. Finalmente, ia eu de rua em rua (havia infinitas), confuso de tal maneira que a admiração ainda não deixava sentir o cansaço, quando, chamado aos gritos e puxado, virei a cabeça. Era um venerável ancião de cabelos brancos, maltratado, sua roupa rasgada em mil partes; não por isso ridículo, antes severo e digno de respeito.

– Quem és – perguntei – que assim te confessas invejoso de meus gostos? Deixe-me, pois sempre os anciãos detestam nos moços os prazeres e deleites, que não deixam por vontade própria, mas porque o tempo tira. Você vai, eu venho: deixe-me gozar e ver o mundo.

Desmentindo seus sentimentos, disse rindo:

– Nem te atrapalho nem te invejo o que desejo, antes tenho pena de você. Por acaso sabes o que vale um dia? Entendes qual é o preço de uma hora? Examinaste o valor do tempo? Com certeza que não, pois assim, alegre, deixas passar a hora que fugitiva e secreta é roubada. Quem te disse que o que já foi voltará quando precises, se chamares? Já viste as pegadas dos dias? Certamente que não, porque eles só viram a cabeça para rir e zombar dos que assim os deixam passar. Saiba que a morte e eles estão ligados e acorrentados, e que quanto mais andam os dias que vão na tua frente, mais te puxam e aproximam da morte, que talvez aguardas e já é chegada, e conforme vives, antes será acontecida que acreditada. Tenho por néscio ao que a vida toda morre de medo de que vai morrer, e por ruim ao que vive sem medo dela como se não existisse; este a teme quando a padece, e embaraçado com o temor, não encontra remédio para a vida nem consolo para seu fim. Sensato é o que vive cada dia como se a cada dia e a cada hora pudesse morrer.

– Tuas palavras são eficazes, bom velho. Devolveste-me a alma, que estava embelezada com vãos desejos. Quem és, de onde vens e que fazes por aqui?

– Meu hábito e meus trajes dizem que sou homem de bem e amigo de dizer a verdade; o pior que tem a tua vida é não ter visto meu rosto até agora. Eu sou o Desengano; estes rasgões da roupa são dos puxões que me dão os que dizem no mundo que me querem, e estes os golpes e coices que me dão quando chego, porque vim e para que vá embora; no mundo todos dizem que querem desengano e, quando o tem, uns se desesperam, outros maldizem a quem o deu, os mais corteses não acreditam. Se você quer ver o mundo, venha comigo, que eu te levarei à rua maior, que é de onde saem todas as figuras, e lá verás juntos os que por aqui vão divididos; eu te mostrarei o mundo como é, que tu só alcanças a ver o que parece.

– E como se chama – disse eu – a rua maior do mundo, para onde estamos indo?

– Chama-se – respondeu – Hipocrisia, rua que começa com o mundo e termina com ele; não há quase ninguém que não tenha, senão uma casa, um quarto ou um aposento dela. Uns são vizinhos e outros passantes, porque há muitos diferentes hipócritas, e todos os que vês por aí o são. Sabe aquele que ganha a vida como alfaiate e se veste como fidalgo? É hipócrita, e no dia de festa, com o cetim e o veludo e as correntes de ouro, se desfigura tanto que não o reconhecem as tesouras e as agulhas, e parece tão pouco com alfaiate que é como se dissesse a verdade. Estás vendo aquele fidalgo com aquele que parece um cavalheiro? Pois deveria ir só, por ser hipócrita e parecer o que não é, mete-se a cavalheiro e por sustentar um lacaio, nem sustenta o que diz nem o que faz, pois não cumpre nem paga e a fidalguia serve só para arranjar casamentos que faz com suas dívidas; está mais casado com elas que com sua mulher. Aquele cavalheiro, por ser senhoria não há diligência que não faça; mas como se fundou no vento para sê-lo deveria ter se fundado na água. Sustenta, por parecer senhor, caça de falcões, que o primeiro que matam é seu amo de fome com os custos, e depois o cavalo que os leva, logo, quando muito alguma ave. Nenhum é o que parece. O senhor por ter ações de grande se empenha, e imita muito o rei. O que direi dos discretos? Veja aquele de cara azeda, por ser mentecapto, parecendo discreto e querendo passar por tal, se vangloria de que tem pouca memória, queixa-se de melancolias, vive descontente e se diz mal regido; é hipócrita que parece entendido sendo mentecapto. Não vê os velhos hipócritas de barbas, com os cabelos brancos pintados, querendo em tudo se parecer com rapazes? Não vê os meninos dando conselhos e querendo se passar por sensatos? Tudo é hipocrisia. Nos nomes das coisas não há a maior do mundo? O sapateiro velho se chama tratador de sapatos; o boteiro, alfaiate do vinho, que faz para vestir; o moço das mulas, gentil homem dos caminhos; a bodega, estado e o bodegueiro, contador; o verdugo se chama membro da justiça e o ajudante, criado; o trapaceiro, destro; a taverna ermida; o puteiro, casa; as putas, damas; os cornos, honrados. Chamam de amizade o amancebamento, trato à usura, zombaria ao estelionato, graça à mentira, descuido à velhacaria, valente ao desavergonhado, cortesão ao vagabundo, ao negro moreno, senhor mestre ao que faz selas e senhor doutor ao prático. Assim não são o que parecem nem do que os chamam, hipócritas no nome e no fato. Há alguns nomes gerais. A toda mulher, bela senhora; a todo longo hábito, senhor licenciado; a todo mendigo, senhor soldado; a todo bem vestido, senhor fidalgo; a qualquer frade, reverência; a todo escrivão, secretário. De modo que todo homem é mentira de qualquer lado que o examinem, se não for que, ignorante como tu, acredite nas aparências. Vê os pecados? Pois todos são hipocrisia, e nela começam e terminam, e dela nascem e se alimentam da Ira, Gula, Soberba, Avareza, Luxúria, Preguiça, o Homicídio e outras mil.

– Como podes dizer tu, e provar, se vemos que são diferentes?- Não me espanto que isso ignores, pois poucos o sabem. Ouve e entenderás com facilidade isso que achas contrário, que bem sei que convém: todos os pecados são maus, isso bem que confessas, e também estás de acordo com os filósofos e teólogos que o mal atrai, e que para pecar não basta a representação da ira nem o conhecimento da luxúria, sem o consentimento da vontade; isso para que seja pecado não aguarda a execução, que só a agrava mais, apesar de nisto haver muita diferença. Isto assim visto e entendido, claro está que cada vez que um pecado destes é cometido, a vontade o consente e deseja; e segundo seu natural não pode ser desejado se não for por alguma razão. Há mais clara e confirmada hipocrisia que vestir-se de bem na aparência para matar com o engano? “Qual é a esperança do hipócrita?”, diz Jó. Nenhuma, pois nem a tem pelo que é, porque é mau, nem pelo que parece, pois parece mas não é. Todos os pecadores são menos atrevidos que o hipócrita, pois eles pecam contra Deus, porém não com Deus nem em Deus; o hipócrita peca contra Deus e com Deus, pois o toma como instrumento para pecar. Por isso, sabendo o que era e que o aborrecia tanto, Cristo, havendo dado muitos preceitos afirmativos a seus discípulos, só lhes deu um negativo, dizendo: “Não queiras ser como os hipócritas tristes”; de modo que, com muitos preceitos e muitas comparações, ensinou-lhes como ser, como luz, como sal, como convidado, como o dos talentos e o que não deviam ser, encerrou tudo dizendo somente “Não queiras ser como os hipócritas tristes”, advertindo que em não ser hipócritas está o não ser de modo algum maus, porque o hipócrita é mau de todas as maneiras.

Chegamos à rua maior; vi tudo o que o velho tinha me prometido. Pegamos um lugar conveniente para registrar o que acontecia. Foi um enterro nesta forma: vinham vestidos com uns saiotes grandes de diferentes cores; seguiam os rapazes da doutrina, pajens da morte e lacaios do ataúde gritando sua ladainha, logo as ordens e atrás deles os clérigos, que diziam rapidamente os responsos, cantavam abreviando para que não se derretessem as velas. A seguir vinham doze mendigos hipócritas da pobreza, com doze tochas, acompanhando o corpo e abrigando os que carregavam o peso da defunta. Atrás havia uma longa procissão de amigos que acompanhavam na tristeza e luto ao viúvo que, perdido o rosto sob a aba de um chapéu, não se viam os olhos, curvos e impedidos os passos com o peso de dez arrobas de cauda que arrastava, ia vagaroso e preguiçoso.

– Mulher feliz – disse – se alguém pode sê-lo na morte, pois encontraste marido que passou com a fé e o amor além da vida e sepultura. Ditoso viúvo que encontrou tais amigos, que não só acompanham seu sentimento, mas parece que o vencem nele. Não vês como estão tristes?

O velho, movendo a cabeça e sorrindo, disse:

– Desventurado! Tudo isso é por fora, e parece assim, porém agora o verás pelo lado de dentro e saberás com quanta verdade o ser desmente as aparências. Estás vendo aquelas luzes, aqueles sinos e todo este acompanhamento? Quem não julgará que alguns alumiam algo e que os outros não é algo o que acompanham, e que serve de algo tanto acompanhamento e pompa? Pois sabe que o que vai ali não é nada porque mesmo em vida o era e na morte deixou de ser, e que não serve de nada; mas que também os mortos têm sua vaidade e os defuntos, sua soberba. Ali vai só terra de menos fruto e mais espantosa que a que pisasse não merecedora de alguma honra, nem mesmo de ser cultivada com arado nem enxada. Vês aqueles velhos que levam as tochas? Pois não as atiçam porque atiçadas iluminam mais, mas porque atiçadas se derretem e eles furtem mais cera para vender; estes são os que na sepultura fazem a salva no defunto, pois antes que ela o coma nem o prove, cada um lhe deu uma mordida, arrancando-lhe um real ou dois. Vês a tristeza dos amigos? Pois é tudo por ir ao enterro, e os convidados vão danados com quem os convidou, já que preferiam passear ou cuidar de seus negócios. Aquele que fala com outro vai dizendo que chamar para enterro, onde não se pode fazer um amigo, e que enterro só é convite para a terra, pois só a ela dão o que comer. O viúvo não vai triste pela viuvez, mas porque podendo tê-la enterrado de modo simples e sem custas, meteram-no em semelhante confusão e despesas; por dentro se diz que lhe deve pouco e que já que tinha que morrer, poderia tê-lo feito de repente sem gastar em médicos, barbeiros e boticas, e não deixá-lo empenhado em xaropes e poções. Duas enterrou com esta, e é tanto o gosto que tem por enviuvar, que já está arrumando o casamento com uma antiga amiga sua.

Fiquei espantado de ver que era assim, dizendo:

– Que diferentes são as coisas do mundo de como as vemos! Desde hoje perderão comigo todo crédito, meus olhos e não acreditarei em nada, e menos no que vir.

Passou por nós o enterro como se não tivesse de passar por nós tão brevemente, e como se aquela defunta não nos fosse mostrando o caminho e, muda, não nos dissesse a todos: "Vou na frente e aguardo os que ficam, acompanhando outros, que eu vi passar com o mesmo descuido".

Afastou-nos desta consideração o barulho em uma casa atrás de nós; entramos para ver o que acontecia, e quando viram a gente, começaram a planger a seis vozes umas mulheres que acompanhavam a viúva. Era o pranto autorizado, porém pouco proveitoso ao defunto; ouviam-se soluços esticados, acompanhados de suspiros, empurrados pela falta de vontade. A casa estava vazia, as paredes nuas; a coitada estava em um aposento escuro, sem nenhuma luz, onde tentavam chorar. Umas diziam: "Amiga, nada se remedia chorando"; outras: "Sem dúvida, está com Deus". Uma a animava a se conformar com a vontade do Senhor. E ela chorando a cântaros dizia:

– Para que quero viver sem fulano? Desafortunada nasci, pois não tenho mais ninguém! Quem vai amparar uma pobre mulher só?

Choravam todas elas, assoando o nariz. Descobri então que as mulheres se purgam em situações como essa, pois pelos olhos e pelo nariz soltam tudo que têm de mau. Enterneci-me e disse:

– Que pena tão bem empregada é a que se tem de uma viúva, porque já de por si uma mulher é sozinha, e viúva muito mais! A Sagrada Escritura deu-lhes o nome de mudas sem língua, que é o significado que têm em hebraico, pois não têm quem fale por elas nem se atrevem e como se veem sozinhas para falar, mesmo que falem, não as ouvem; é o mesmo que ser mudas, muito pior. Muito cuidado teve Deus com elas no Antigo Testamento, e no Novo as encomendou a São Paulo: "Como o Senhor cuida dos solitários e olha o humilde do alto"; "Não quero vossos sábados e festividades – disse por Isaías – e o rosto afasto de seus incensos; deixam-me cansados seus holocaustos, aborreço suas calendas e solenidades; lavem-se e estejam limpos, tirem o ruim de vossos desejos, pois eu o vejo. Deixem de fazer mal, aprendam a fazer bem, busquem a justiça, socorram o oprimido, julguem em sua inocência o órfão, defendam a viúva". Foi crescendo a oração de uma obra boa em outra boa mais aceita, e por suma caridade colocou defender a viúva. Está escrito com a providência do Espírito Santo dizer: "Defendam a viúva", porque por sê-lo não pode se defender, como dissemos, e todos a perseguem. Esta obra é tão aceita por Deus, que acrescenta o profeta consecutivamente dizendo: "Se o fizeres, vem e me pergunta". Com esta licença que dá Deus para que perguntem aos que fizerem o bem e se afastem do mal, e socorram os oprimidos e olhem pelos órfãos e defendam a viúva, bem podia Jó ter arguido a Deus, livre das calúnias, que por arguir com Ele, lhe impuseram seus inimigos chamando-o de atrevido e ímpio. Que o fizesse consta do capítulo 31, onde diz: "Neguei eu, por acaso, o que me pediam os pobrezinhos? Fiz aguardar os olhos da viúva?", que concordam com o que foi dito, como quem diz: ela não pode porque é muda, com palavras, mas colocando na frente sua necessidade. O rigor da letra hebraica diz: "Consumi os olhos da viúva?", porque isso faz com que não se doa da que o olha para que a socorra porque não tem voz para pedir. Deixe-me – disse ao velho – chorar semelhante desventura e juntar minhas lágrimas às dessas mulheres.

O velho, um tanto zangado, disse:

– Agora choras, depois de haver feito ostentação vã de teus estudos e mostrando-te douto e teólogo, quando era necessário que te mostrasses prudente? Não esperavas que eu te declarasse estas coisas para ver como mereciam que se falasse delas? Mas quem poderá deter a sentença já imaginada na boca? Não é muito, porque não sabes outra coisa, e se não visses a viúva ficarias com toda tua ciência no estômago. Não é filósofo o que sabe onde está o tesouro, mas o que trabalha e o tira. Nem mesmo esse o é totalmente, mas o que depois de possuí-lo, faz bom uso dele. O que importa que saibas duas anedotas e dois lugares se não tens prudência para acomodá-los? Verás esta viúva que por fora tem um corpo de responsos, como por dentro tem alma de aleluia; as toucas negras e os pensamentos verdes. Estás vendo a escuridão do aposento e os rostos cobertos pelo manto? É assim porque, como não podem vê-las, com a fala um pouco fanhosa, cuspindo e imitando soluços, fazem um pranto caseiro, tendo os olhos secos. Quer consolá-las? Deixe-as sós e dançarão. Depois as amigas farão seu ofício: "Você é nova, haverá homens que te estimem, já sabes quem é fulano", etc. Outra: "Deves muito a Dom Pedro, que te acudiu, não sei por que suspeitei, que por ser tão nova será forçoso...".

Então a viúva, com os olhos recolhidos e a boca apertada diz: "Agora não é momento para isso; deixo nas mãos de Deus, Ele o fará se achar que convém". Note que o dia da viuvez é o dia em que mais comem estas viúvas, porque para animá-la não entra nenhuma que não lhe dê um gole e a faça comer um bocado, e ela come dizendo: "Tudo vira veneno"; meio mastigando diz: "Que proveito pode fazer isto à amarga viúva, que estava acostumada a dividir tudo e com companhia, e agora terá que comê-las inteiras sem dividir com ninguém, completamente infeliz? Se isto é assim, não têm motivo tuas exclamações.

Apenas disse isso o velho, quando ouvimos um grande barulho de gente; saímos para ver o que era e encontramos um alguazil que, com um pedaço de vara na mão, o nariz quebrado, o colarinho desfeito e sem chapéu, ia pedindo "Favor ao rei! Favor à justiça!". Atrás de um ladrão, que ia tão ligeiro como pedia a necessidade e mandava o medo. Atrás, cercado de gente, estava o escrivão cheio de lodo, com as caixas no braço esquerdo, escrevendo sobre os joelhos. Notei que não há coisa que cresça tanto, em tão pouco tempo, como a culpa em poder dos escrivães, pois em um instante tinha uma resma. Perguntei a causa do alvoroço; disseram que aquele homem que fugia era amigo do alguazil, que confiou a ele não sei que segredo, e que para não deixar a outro que o fizesse quis ele pegá-lo. Fugiu depois de haver lhe dado muitos socos, e vendo que vinha gente, encomendou-se a seus pés e foi dar conta de seus negócios em um retábulo. O escrivão lavrava a causa enquanto o alguazil com os ajudantes iam atrás dele e não conseguiam alcançá-lo. Devia ser um ladrão muito ligeiro, pois não conseguiam alcançá-lo os delatores, que corriam como o vento.

– Com que poderá premiar a república o zelo deste alguazil, pois para que eu e outros tenhamos nossas vidas, honras e bens aventurou sua pessoa? Este merece muito com Deus e com o mundo. Olha como vai rasgado e ferido, com o rosto cheio de sangue, para alcançar aquele delinquente e tirar um obstáculo para a paz do povo.

– Chega! – disse o velho – que você é capaz de falar o dia inteiro. Saiba que esse alguazil não persegue esse ladrão, nem procura alcançá-lo pelo particular e universal proveito de ninguém, mas como todo mundo olha para ele, corre de que haja alguém que em matéria de furtar esteja na sua frente; por isso tenta alcançá-lo. Não é culpado o alguazil porque o prendeu, sendo seu amigo, se era delinquente, porque não faz mal o que come de seus bens. Antes faz bem e justamente, e todo delinquente, seja quem for, é bem do alguazil sendo lícito comer dele. Estes têm seus censos sobre açoites e galeras e seus juramentos sobre a forca. Acredite que o ano de virtudes, para estes e para o inferno é estéril. Não sei como sendo tão desprezados pelo mundo, por vergonha, não resolvem ser bons por um ano ou dois, porque de fome e pena não morrerão.

– Já que nisto pões também dolo, como poderás colocá-lo também no escrivão, que faz a causa qualificada com testemunhas?

– Podes rir – disse ele – Você já viu seu alguazil alguma vez sem escrivão? Certamente que não, pois como eles saem para procurar o que comer, mesmo que encontrem um inocente, para que não vá para a cadeia sem motivo, levam um escrivão para que o encontre; mesmo que não deem motivo para que os prendam, o encontra o escrivão, e assim vão presos com motivo. Não te preocupes com as testemunhas, que haverá tantas como gotas de tinta houver no tinteiro; os mais, com os maus oficiais, os apresenta a pluma e os examina a cobiça, e se dizem alguns o que é verdade, escrevem o que querem e repetem o que disseram. E para andar como devia andar o mundo, melhor seria e importaria mais que o juramento que tomam à testemunha, que jurasse a Deus e à cruz dizer a verdade no que fosse perguntado, e que a testemunha soubesse que eles escreveriam o que disseram. Há muitos bons escrivães e alguazis, porém de por si o ofício é com os bons como o mar com os mortos, que não os aceita e em três dias os devolve para a praia. Acho um escrivão a cavalo e um alguazil com capa e gorro honrando uns açoites como se fosse um batismo, atrás de uma porção de ladrões que açoitam; sinto que quando o pregoeiro diz: "A estes homens por ladrões", soa o eco na vara do alguazil e na pena do escrivão.

Diria mais se não fosse pela grandeza com que um homem rico ia numa carruagem, tão inchado que parecia que ia desatarraxá-la, pretendendo parecer tão grave, que às quatro bestas se parecia, pelo espaço que ocupava. Ia muito reto, olhos apertados, economizando cortesias com todos, escondido o rosto no colarinho aberto que mais parecia vela em um papel, e tão esquecido de suas conjunturas que não sabia para onde se virar e fazer uma cortesia, nem levantar o braço para tirar o chapéu, o qual parecia um membro fixo e firme. Cercava o carro uma porção de criados trazidos com artifício, entretidos com promessas e sustentados com esperanças. Outra parte ia de acompanhamento de credores, cujo crédito sustentava toda aquela máquina. No coche ia um bufão entretendo-o.

– O mundo foi feito para ti – disse eu quando o vi – que vives tão descuidado, com tanto descanso e grandeza. Que bem empregas teus bens! Como representam bem quem é este cavalheiro!

– Tudo quanto pensas – disse o velho – são bobagem e mentira; somente acertas em dizer que o mundo foi feito para ele, e é verdade porque o mundo é só trabalho e vaidade; este é só vaidade e loucura. Pios estão comendo, a força de cevada e palha, a quem fia a ele. Mais trabalho lhe custa fabricar suas mentiras para comer, que se o ganhasse cavando. Estás vendo aquele bufão? Nota que tem por seu bufão àquele que o sustenta e lhe dá o que tem. Que mais miséria queres destes ricos, que o ano todo andam comprando mentiras e adulações e gastam seus bens em falsas testemunhas? Ele está tão contente porque o rufião lhe disse que não há príncipe como ele e que todos os outros são escudeiros, como se isso fosse assim e se diferenciam muito pouco, porque um é jogral do outro; deste modo o rico ri com o bufão e o bufão ri do rico porque faz questão do que lisonjeia.

Vinha uma mulher belíssima, atraindo os olhares e deixando os corações cheios de desejo. Ela estava com um artificial descuido, escondendo o rosto dos que já a tinham visto e se descobrindo aos que estavam divertidos. Se mostrava mexendo com o manto, ou mostrando um olho só, tampada meio de lado descobria parte do rosto. Os cabelos eram cacheados. O rosto era neve, carmim e rosas distribuídos pelos lábios, pescoço e bochechas; os dentes transparentes; e as mãos que de tanto em tanto acariciavam o manto, abrasavam os corações. O corpo e passo causando pensamentos lascivos; tão rica e engalanada como carregada de joias ganhas e não compradas. A vi e arrebatado quis segui-la entre os outros; teria conseguido se não tivesse tropeçado nos cabelos brancos do velho. Voltei atrás dizendo:

– Quem não ama com todos os seus cinco sentidos uma mulher bela, não estima da natureza seu maior cuidado e sua maior obra. Feliz de quem encontra tal ocasião e sábio quem a goza! Qual sentido não descansa na beleza de uma mulher que nasceu para ser amada pelo homem? Que olhos tão belos honestamente! Que olhar tão cauteloso e prevenido nos descuidos de uma alma livre! Que sobrancelhas tão negras reforçando a brancura da testa! Que bochechas, onde o sangue misturado com leite gera a cor rosada que admira! Que lábios encarnados, guardando pérolas que o sorriso mostra com recato! Que pescoço! Que mãos! Que corpo! Todas são motivo de perdição e também de desculpa do que se perde por ela.

– O que mais resta à idade que dizer e ao apetite que desejar? –

disse o velho -. Trabalho tens se com cada coisa que vês ficas assim. Triste foi tua vida. Até agora te julgava cego agora vejo que também és louco. Vejo que até agora não sabes para que Deus te deu os olhos, nem para que servem. Eles hão de ver e a razão há de julgar e escolher; o fazes ao contrário, ou nada fazes, o que é pior. Se acreditas neles padecerás mil confusões; terás as serras por azuis e o grande por pequeno, porque a distância e a proximidade enganam a vista. Que rio caudaloso não zomba dela, pois para saber para onde corre é necessário um galho ou uma palha que o mostre. Você viu essa visão que se deitando feia, se fez esta manhã bela ela mesma? Pois saiba que as mulheres o primeiro que vestem quando acordam é um rosto, uma garganta e umas mãos e depois as saias. Tudo quanto vês nela é de loja e não natural. Vês o cabelo? É comprado e não criado. As sobrancelhas têm mais de defumadas que de pretas, e se como se fazem sobrancelhas se fizessem narizes, não os teriam. Os dentes que vês e a boca eram negros como tinta e à força de pós ficou melhor. Passou a cera dos ouvidos nos lábios. As mãos, pois? O que parece branco é untado. O que é vê-las se deitar parecendo passas e pela manhã desenhar ao vivo o que querem! O que é ver uma feia ou uma velha querer, como o outro tão celebrado nigromântico, sair de novo de uma redoma! Estás olhando-a? Pois se lavasse o rosto não a reconhecerias. Acredite que não há no mundo coisa tão trabalhada como a pele de uma mulher bela, onde se enxugam e secam e derretem mais enfeites que suas roupas. Desconfiadas de suas pessoas, quando querem agradar alguns narizes, logo procuram uma pastilha, incenso ou água de cheiro e, às vezes, disfarçam o suor dos pés com sapatilhas de âmbar. Te digo que nossos sentidos estão em jejum do que é a mulher e enjoados do que parece. Se a beijas, sujas os lábios; se a abraças, apertas corseletes e amassas papelões; se te deitas com ela, a metade fica debaixo da cama; se a pretendes, te cansas; se a alcanças, te embaraças; se a sustentas, empobreces; se a deixas, te persegue; se a queres, te deixa. Deixe-me entender de que modo é boa, e compara agora este animal soberbo com nossa fraqueza, a quem fazem poderoso nossas necessidades, mais proveitosas, sofridas ou castigadas que satisfeitas, e verás teus claros desatinos. Considera-a padecendo as regras e sentirás nojo. Envergonha-te de andar perdido por coisas que em qualquer estátua de pau têm menos fundamento.

Fim do mundo por dentro

Sonho da Morte

À Dona Mirena Riqueza

É necessário que tenha sobrado algum discurso depois que vejo V.M., e acredito que ficou este por ser o da morte. Não o dedico para que o ampare; o levo porque o maior desígnio desinteressado é o meu, para emendar o que pode estar escrito com algum desalinho ou imaginado com pouca felicidade. Não me atrevo a pedir crédito pela invenção por não ser inventor. Procurei polir o estilo e temperar a pena com curiosidade. Nem em meio à risada me esqueci da doutrina. Se aproveitaram o estilo e a diligência, me remeto à censura que V.M. faça dele, se merecer que o olhe, e poderei dizer então que estou feliz pelos sonhos. Que Deus guarde V.M., que eu farei o mesmo.

Na prisão e na Torre, 6 de abril de 1622.

A QUEM LER

Desejei que a morte terminasse com meus discursos como com as demais coisas; espero que Deus queira que tenha sorte. Este é o quinto tratado depois do *Sonho do Juízo*, o *Alguazil endemoniado*, o *Inferno* e o *Mundo por dentro*; já não tenho o que sonhar e, se com a visita da morte não desperto, não há que esperar-me. Se achares que já é muito sonho, perdoa a preguiça que padeço, e se não, guarda-me o sono.

Estão sempre cautelosos e prevenidos os pensamentos ruins, o desespero covarde e a tristeza, esperando pegar a sós um desafortunado para se mostrar alentados com ele; condição própria dos covardes que juntamente fazem ostentação de sua malícia e de sua vileza.

Por mais que tenha considerado em outros, aconteceu-me na minha prisão, pois havendo, ou por acariciar meu sentimento ou por lisonjear minha melancolia, lido aqueles versos que Lucrécio escreveu com tão animadas palavras, minha imaginação venceu, e sob o peso de tão ponderadas palavras e razões deixei-me cair tão prostrado com a dor do desengano que li, que nem sei se desmaiei advertido ou escandalizado.

Para que seja desculpada a confissão de minha fraqueza, escrevo como introdução ao meu discurso, a voz do poeta divino, que soa assim rigorosa com ameaças tão elegantes:

Denique si vocem rerum natura repente
mittat et hoc alicui nostrum sic increpet ipsa:
quid tibi tanto operest, mortalis, quod nimis aegris
luctibus indulges? quid mortem congemis ac fles?
nam si grata fuit tibi vita anteacta priorque
et non omnia pertusum congesta quasi in vas
comoda perfluxere atque ingrata interiere:
cur non ut plenus vitae conviva recedis?
aequo animoque capis securam, stulte, quietem?

Veio-me à memória Jó, gritando e dizendo "*homo natus de muliere*" etc.:

Afinal homem nascido
de mulher magra, de misérias cheio,
a breve vida como flor trazido,
de todo bem e descanso alheio,
que como sombra vã
foge da tarde e nasce pela manhã.

Com esse conhecimento próprio, acompanhava logo o do que vivemos, dizendo: "Militia est vita hominis super terram" etc.:

Guerra é a vida do homem
enquanto vive neste solo,
e suas horas e seus dias
como as do trabalhador.

Eu que, arrebatado pela consideração, me vi rendido aos pés dos desenganos, com lastimável sentimento, com zelo, tomei de Jó as palavras com as que começa a se descobrir a dor: "*Pereat dies in qua natus sum*" etc.:

Pereça o primeiro dia
em que nasci para a terra,
e a noite em que o homem
foi concebido pereça.
Torne-se aquele dia triste
em miseráveis trevas, que não alumie mais a luz
nem o leve Deus em conta.
Tenebroso turbilhão
aquela noite possua,
não esteja entre os dias do ano
nem entre os meses a tenham.
Indigna seja a adulação,
solitária sempre seja,
maldigam-na os que o dia
maldizem com voz soberba,
os que para levantar
o Leviatã se aparelham,
e com suas escuridões
escurecem as estrelas.
Espere a bela luz
e nunca luz clara veja,
nem o nascimento da aurora
envolvida em pérolas,
porque não fechou o ventre
que a mim trouxe as portas,
e porque minha sepultura
não foi o primeiro berço.

Entre estas demandas e respostas, fatigado e abatido (suspeito que foi cortesia do sono piedoso, mais que natural), peguei no sono. Depois que, desembaraçada, a alma se viu ociosa sem a trava dos sentidos exteriores, me acometeu desta maneira a seguinte comédia, e assim a recitaram minhas potências a escuras, sendo eu para minhas fantasias auditório e teatro.

Foram entrando uns médicos montados em umas mulas, que com mantas negras, pareciam túmulos com orelhas. O passo era divertido, torpe e desigual, de modo que os donos iam se balançando em cima delas. A vista era nojenta com urinóis e serviços; as bocas emboscadas em barbas, que apenas apareciam; saiotes com vestígios de vaqueiros; luvas dobradas como as dos que curam; anel no polegar, com pedra tão grande que quando toma o pulso prevê o sepultamento para o doente. Eram um grande número, e todos rodeados de conversadores que acabam sendo lacaios e tratando mais com as mulas que com os doutores graduados de médicos. Vendo-os eu disse:

– Se destes se fazem estes outros, não é muito que estes outros nos desfaçam.

Em volta vinha uma grande ralé e caterva de boticários, com espátulas desembainhadas e seringas em riste. Os medicamentos que estes vendem, mesmo que estejam caducando na redoma de tão velhos, e estejam cheios de teia de aranha, os dão; e assim são medicinas de redoma. O clamor do que morre começa no balcão do boticário, vai até o barbeiro, passa pelas luvas do doutor e acaba nos sinos da igreja. Não há gente pior que estes boticários; são armeiros dos doutores; eles lhes dão as armas. Não há nada neles que não tenha achaques de guerra, e não aluda armas ofensivas: xaropes com excesso de letras; espátulas são espadas em sua língua; pílulas são balas; lavagens e medicamentos são canhões. Olhando bem, se falamos em purgantes, suas lojas são purgatórios e eles os infernos; os doentes os condenados e os médicos, os diabos. É verdade que os médicos são diabos, pois ambos vão atrás dos maus e fogem dos bons; sua finalidade é que os bons sejam maus e que os maus jamais sejam bons.

Estavam todos vestidos de receitas e coroados com os reais erres com que começam as receitas. Considerei que todos os doutores falam com os boticários dizendo "Recipe", que quer dizer recebe. Do mesmo modo fala a má mãe à filha e a cobiça ao mau ministro. Não se pode dizer que na receita há outra coisa que não sejam erres enfeitados por delinquentes. A seguir úncias e mais onças. Que alívio para desossar um cordeiro doente! Depois colocam nomes simples que parecem invocações de demônios: *buphthalmos, potamogeton, senipugino, diacathalicon, petroselinum, scila, rapa*. É sabido que esta espantosa confusão de palavras tão recheadas de letras quer dizer cenoura, nabos, salsinha e outras porcarias. E como ouviram dizer que quem não te conhece que te compre, disfarçam os legumes para que não sejam conhecidos e os comprem os doentes. *Elingatis* dizem que é lamber, *catapotia* as pílulas, *clistes* o purgante etc. São tantos os nomes de suas receitas e tais suas medicinas, que na maioria das vezes de nojo das porcarias com que perseguem os doentes, as doenças fogem.

Que dor haverá com tão mau gosto que não fuja dos tutanos por não aguardar o emplastro de Guillén Serven, e ver transformada em baú uma perna ou coxa? Quando os vi e os doutores, entendi aquele refrão nojento que diz "Muito vai do c... ao pulso" , porque não vai nada, e só vão os médicos, pois imediatamente vão ao banheiro e ao urinol a perguntar o que não sabem, porque Galeno os enviou à câmara e à urina; e como se o urinol falasse aos seus ouvidos aproximam a orelha abafando as barbas com seu vapor. Malditos pesquisadores contra a vida, pois enforcam com o garrote, degolam com sangrias, açoitam com ventosas, desterram as almas, pois as tiram da terra de seus corpos sem alma e sem consciência!

A seguir vinham os cirurgiões carregados de alicates, cauterizadores, tesouras, navalhas, serras, limas, pinças e lancetas; entre eles se ouvia uma voz muito dolorosa para meus ouvidos, que dizia:

– Corta, arranca, abre, serra, despedaça, pica, fatia, descarna e abrasa.

Senti muito medo. Alguns ossos queriam, de medo, entrar nos outros; me encolhi.

Enquanto isso, vieram uns diabos com fileiras de molares e dentes e reconheci que eram tiradentes, o ofício mais maldito do mundo, pois só servem para despovoar bocas e adiantar a velhice. Estes, com os molares alheios, não viam dentes que não quisessem ver em seu colar antes que nas bocas. Não houve pior momento que quando os vi ir atrás dos dentes alheios, e pedindo dinheiro para tirá-los como se os estivessem colocando.

– Quem virá acompanhando estes malditos canalhas? - disse eu; e achei que mesmo o diabo era pouca coisa para tão maldita gente, quando ouço chegar um grande barulho de violões. Todos tocavam marchas alegres.

– Que me matem se não são barbeiros estes que chegam!

Não foi muita habilidade acertar. Pensei:

– Dor de barba, que há de se ver raspada, e do braço que há de receber uma sangria!

Considerei todos os demais ministros do martírio, instigadores da morte e que todos os barbeiros haviam se transformado em prata; me entretive vendo-os trabalhar nos rostos.

Logo começou a entrar uma grande quantidade de pessoas. Os primeiros eram faladores; pareciam máquinas para tirar água dos rios, e sua música era pior que a dos órgãos desafinados. Uns falavam mais que outros; parecia que os empurravam a dizer necedades, como se tivessem tomado um purgante de folhas de Calepino. Disseram-me que estes eram faladores dilúvio, que não param nem de dia nem de noite, gente que fala dormindo e que levanta mais cedo para falar. Havia faladores de todo tipo. Havia aqueles que falavam com os braços, outros faziam gestos e visagens. Vinham uns consumindo os outros.

Seguem os brincalhões, muito solícitos de orelhas, muito atentos com os olhos, muito cheios de malícia; andavam como unhas fuçando tudo. Vinham atrás deles os mentirosos contentes, muito gordos, risonhos e bem vestidos, que por não ter outro ofício, são o milagre do mundo, com um grande auditório de mentecaptos e ruins.

Atrás vinham os intrometidos, muito soberbos, satisfeitos e convencidos, que são as três lepras da honra do mundo. Vinham intrometendo-se com outros e penetrando em tudo. Estes pareciam os últimos porque durante bastante tempo não entrou mais ninguém. Perguntei por que vinham tão afastados, e me disseram uns faladores (sem que eu tivesse perguntado a eles):

- Estes intrometidos são a quinta essência dos chatos, e por isso não há coisa pior que eles.

Estava eu considerando a diferença tão grande do acompanhamento, e não conseguia imaginar quem poderia vir.

Nesse momento entrou uma que parecia mulher, muito enfeitada cheia de coroas, cetros, foices, tiaras, capuzes, brocados, peles, seda, ouro, garrotes, diamantes, pérolas e pedras. Um olho aberto e outro fechado, vestida e nua de todas as cores; por um lado era nova e pelo outro velha; algumas vezes vinha devagar e outras rápido; parecia que estava longe e estava perto, e, quando pensei que ia entrar, já estava ao meu lado. Fiquei olhando para sua estranha roupa e desbaratada compostura. Não me espantou; me surpreendeu e não sem rir, porque olhando bem era uma figura charmosa. Perguntei quem era e me disse:

– A Morte.

– A Morte?

Fiquei pasmado e quase não consegui respirar; muito torpe disse:

– Por que vem?

– Por você – disse.

– Jesus mil vezes! Estou morrendo.

– Não estás morrendo – disse ela. Deves vir comigo vivo para fazer uma visita aos defuntos; já que vieram tantos mortos aos vivos, pode ir um vivo ver os mortos e que os mortos sejam ouvidos. Ouviste dizer que eu executo? Alto, vem comigo.

Perdido de medo, disse:

– Não deixas eu me vestir?

– Não é necessário – respondeu; comigo ninguém vai vestido, nem sou embaraçosa. Eu trago as coisas de todos, para que possam ir mais leves. Fui com ela aonde me guiava, não sei dizer por onde, possuído de espanto. No caminho lhe disse:

– Não vejo sinais da morte, porque dizem que ela tem ossos descarnados e a foice.

Deteve-se e respondeu:

– Isso não é a morte, e sim os mortos ou o que resta dos vivos. Estes ossos são o desenho sobre o qual se lavra o corpo do homem; não conhecem a morte e são vocês mesmos sua morte; tem a cara de cada um de vocês e são mortes de vocês mesmos; a caveira é o morto e a cara é a morte, e o que chamam de morrer é acabar de morrer; o que chamam nascer é começar a morrer, e o que chamam viver é morrer vivendo; os ossos são o que de vocês deixa a morte, e o que sobra na sepultura. Se entendessem isso, cada um de vocês estaria olhando em si sua morte a cada dia, e a alheia no outro; veriam que suas casas estão cheias dela e que em seu lugar há tantas mortes como pessoas, e não a estariam aguardando, e sim acompanhando-a e dispondo-a. Pensam que a morte são ossos e que até que vejam chegar a caveira e a foice não há morte para vocês; pensam primeiro que são a caveira e ossos que acreditam que podem ser.

– Diga-me – disse eu – o que significam estes que te acompanham, e por que vão, sendo tu a morte, mais perto de tua pessoa os chatos e faladores que os médicos?

Respondeu-me:

– Muito mais gente fica doente com os chatos que com febres e resfriados, e muito mais gente matam os faladores e intrometidos que os médicos. Deves saber que todos adoecem do excesso ou destempero dos humores, porém morrer, todos morrem dos médicos que os curam; quando perguntam não devem dizer: do que morreu fulano? "De febre, de dor do lado, de peste, de feridas", e sim "Morreu de um doutor Tal ou de um doutor Qual". Deve-se advertir que em todos os ofícios, artes e estados foi introduzido o dom; em fidalgos, em vilãos e em frades, como se vê na Cartuxa; eu já vi alfaiates e pedreiros com dom, e ladrões e galeotes em galeras. Se olharmos para as ciências, milhares de clérigos; muitos teólogos; letrados, todos. Só de médicos não houve nenhum com dom, mas todos têm o dom de matar e querem mais dom ao se despedir que dom quando os chamamos.

Chegamos a um abismo muito grande. A Morte predicadora e eu desenganado. Mergulhou, como se estivesse em casa, e eu atrás dela, animado com o esforço de meu conhecimento tão valente. Estavam na entrada três vultos armados de um lado e outro monstro terrível na frente, sempre combatendo entre si todos, e os três com o um e o um com os três.

A Morte se deteve e me disse:

– Conheces esta gente?

– Nem Deus permita que a conheça – disse eu.

– Pois com eles estás sempre – disse ela - desde que nasceste; olha como vives – replicou – estes são os três inimigos da alma: o Mundo é aquele, este é o Diabo e aquela é a Carne. É notável que todos eram parecidos uns com os outros, que não se diferenciavam. A Morte me disse:

– São tão parecidos que no mundo trocam uns pelos outros; por isso quem tem um tem os três. Pensa em um soberbo que tem o mundo e tem o diabo; pensa em um luxurioso que tem a carne e tem o demônio, e assim anda tudo.

– Quem é – disse eu – aquele que está ali afastado se despedaçando com esses três, com tantas caras e figuras?

– Esse – disse a Morte – é o Dinheiro, que pleiteia com os três inimigos da alma, dizendo que quer economizar imitadores, e que só onde ele está não são necessários, porque ele sozinho é os três inimigos. Fundamenta-se para dizer que o dinheiro é o Diabo no que todos dizem “diabo é o dinheiro”, “coisa endiabrada é o dinheiro”. Para ser o Mundo ele diz que vocês dizem que “tudo no mundo é o dinheiro”, “quem não tem dinheiro que vá embora do mundo” e que “se faz tudo por dinheiro”. Para dizer que a Carne é o dinheiro, o Dinheiro diz: “Que o diga a carne”, e se refere às putas e más mulheres, que é o mesmo que interesseiras.

– Não tem maus argumentos o Dinheiro – disse eu.

Depois disso, fomos mais para baixo, e antes de entrar por uma porta muito pequena e tenebrosa, me disse:

– Estes dois que sairão agora comigo são os Derradeiros.

Abriu-se a porta, e estavam de um lado o Inferno e do outro o Juízo (assim me disse a Morte que se chamavam). Fiquei olhando para o Inferno com atenção e me pareceu notável. A Morte me disse:

– O que olhas?

– Olho – respondi – o Inferno, e acho que já o vi outras vezes.

– Onde? – perguntou.

– Onde? – disse. Na cobiça dos juízes, no ódio dos poderosos, nas línguas dos maledicentes, nas más intenções, nas vinganças, no apetite dos luxuriosos, na vaidade dos príncipes e onde cabe o Inferno todo sem que se perca uma gota. O que mais gostei foi ver o Juízo, porque até agora vivi enganado, e agora que vejo o Juízo como é, vejo que o que há no mundo não é juízo, nem há homem de juízo e que há muito pouco juízo no mundo. Se os que são juízes devem ter este juízo, como andam as coisas no mundo; me dá medo voltar para cima vendo que sendo este o Juízo está quase inteiro, e que tem pouco repartido para os vivos. Prefiro a morte com juízo que a vida sem ele.

Descemos para uma planície enorme, onde parecia que estava depositada a escuridão para as noites. Disse-me a Morte:

– Aqui você tem que parar porque chegamos a meu tribunal e audiência.

– Aqui estavam as paredes cheias de pêsames; de um lado estavam as más novas certas, acreditadas e não esperadas; o pranto enganoso nas mulheres; enganado nos amantes, perdido nos néscios e desacreditado nos pobres. A dor estava desconsolada e só os cuidados estavam solícitos e vigilantes, feitos carcomas de reis e príncipes, alimentando-se dos soberbos e ambiciosos. Estava a Inveja com roupa de viúva, em jejum de todas as coisas, cevada de si mesma, magra e espremida. Os dentes (de andar sempre mordendo do bom e do melhor) estavam amarelos e gastos. A Discórdia estava debaixo dela, como nascendo de seu ventre, e acho que é sua filha legítima. Esta, fugindo dos casados, que sempre estão gritando, tinha ido para as comunidades e os colégios, e vendo que sobrava em ambas partes, foi para os palácios e cortes, onde é lugar-tenente dos diabos. A Ingratidão estava em um grande forno, fazendo com uma massa de soberbos e ódios, novos demônios a cada momento. Folguei em vê-la porque sempre tinha suspeitado que os ingratos eram diabos, e descobri então que os anjos, para ser diabos, foram primeiro ingratos. Andava toda fervendo de maldições.

– Quem diabos – disse eu – está soltando maldições aqui?

Disse-me um morto que estava do meu lado:

– Você quer que faltem maldições onde há casamenteiros e alfaiates que são as pessoas mais malditas do mundo, pois todos dizem "Maldito quem me casou!", "Maldito quem me juntou com você!", e a maioria "Maldito quem me vestiu!"

– O que têm a ver – disse eu – alfaiates e casamenteiros na audiência da Morte?

– Você está louco? – disse o morto, que era impaciente. Se não houvesse casamenteiros, haveria a metade de mortos e desesperados. A mim dizes que sou marido número cinco, e ficou lá a mulher que pensa me acompanhar com outros dez. Alfaiates? A quem não matarão as mentiras dos alfaiates e os furtos? Ele é o principal membro deste tribunal.

Levantei a vista e vi a Morte em seu trono e a seu lado muitas mortes.

Estava a morte de amores, a morte de frio, a morte de fome, a morte de medo e a morte de rir, todas com diferentes distintivos. A morte de amor tinha muito pouquinho miolo. Tinha, para que não se corrompesse pela antiguidade, Príamo e Tisbe embalsamados, Leandro, Hero e Macias e alguns portugueses derretidos. Muita gente vi que estava para acabar sob sua foice, e por puro milagre ressuscitavam. Na morte de frio vi todos os bispos e prelados e outros eclesiásticos, que por não ter mulher nem filhos nem sobrinhos que os queiram, só seus bens, quando estão mal, morrem de frio. A morte de medo era a mais rica e pomposa, com acompanhamento mais magnífico, porque estava cercada de grande número de tiranos e poderosos, de quem se disse: *Fugit impius, nemine persequente* (Foge o ímpio sem que ninguém o persiga). Estes morrem pelas próprias mãos e seus executores são sua consciência; eles são verdugos de si mesmos e só um bem fazem no mundo, porque se matando de medo, receio e desconfiança, vingam com eles mesmos os inocentes.

Estavam com eles os avarentos, fechando cofres, arcas e janelas, vedando gretas, como sepulturas de suas bolsas e pendentes de qualquer barulho do vento; os olhos desejando o sono, as bocas queixosas e as almas mudadas em prata e ouro. A morte de rir era a última, e estava cercada por um grande número de confiados e tardiamente arrependidos. Gente que vive como se não houvesse justiça, e morre como se não houvesse misericórdia. Estes são os que quando lhes dizem: "Restituam o mal levado" dizem: "É para rir"; Olhem que estão velhos e que já não cabe pecado em vocês; vejam que o próprio diabo já os despreza por traste embaraçoso e até a culpa tem nojo de vocês", respondem: "É para rir", e que nunca se sentiram melhores. Há outros que estão doentes, e exortando-os para que façam o testamento, que confessem, dizem que se sentem bem e que já estiveram assim milhares de vezes. Estas são pessoas que estão no outro mundo e ainda não se convenceram que são defuntos. Maravilhei-me com esta visão e disse, ferido de dor e conhecimento:

– Deu-nos Deus uma única vida e tantas mortes? Nasce-se de um modo e de tantos se morre? Se eu voltar para o mundo, procurarei começar a viver.

Estava nisso quando se ouviu uma voz que disse três vezes:

– Mortos, mortos, mortos!

Com isso o chão e todas as paredes tremeram e começaram a sair cabeças e braços e vultos extraordinários. Colocaram-se em ordem em silêncio.

– Falem em ordem – disse a Morte.

Saiu um com grande cólera e pressa vindo em minha direção; entendi que queria me maltratar, e disse:

– Vivo de Satanás! O que queres que não me deixas morto e consumido? O que te fiz, que sem ter parte em nada, me difamas em tudo e colocas a culpa do que não sei?

– Quem é você – disse eu com uma cortesia temerosa – que eu não te entendo?

– Sou eu – disse – o mal-aventurado João da Encina, que depois de está tantos anos aqui, vocês quando se faz uma besteira dizem: "Não faria diferente João da Encina", "Olha as bobagens do João da Encina".

Deves saber que para fazer e dizer bobagens todos os homens são João da Encina, e que este sobrenome Encina é muito amplo com respeito a bobagens. Mas pergunto eu se fiz os testamentos onde deixam que outros façam por sua alma o que não quiseste fazer. Teimei com os poderosos? Tingi minha barba para não parecer velho? Fui velho porco e mentiroso? Apaixonei-me pelo meu dinheiro? Entendi eu que seria bom para mim, o que por minha intercessão, fosse ruim para outro, que confiou? Gastei eu minha vida pretendendo com que viver, e quando tive com que, não tive vida para viver? Casei para me vingar de minha amiga? Envenenei-me porque o outro era rico e prosperava? Acreditei nas aparências da fortuna? Tive por ditosos os que ao lado de príncipes dão toda a vida por uma hora? Fui desavergonhado por dar uma de valente? Pois se João da Encina não fez nada disto, quais necedades fez o pobre João da Encina? Ladrões que chamam de besteiras as minhas e acertos os seus! Foi por acaso João da Encina que disse "faz o bem sem olhar a quem"?, sendo contra o Espírito Santo, que disse "Si bene feceris scito cui feceris, et erit gratia in bonis tui multa", se fizeres o bem, olha para quem. Foi João da Encina quem, para dizer que alguém era ruim disse "é homem que não deve nem teme, devendo dizer que "nem teme nem paga", pois é certo que o melhor sinal de ser bom é nem temer nem dever, e a maior maldade é nem temer nem pagar? Disse João da Encina "dos peixes o mero, das carnes o carneiro, das aves a perdiz, das damas Beatriz? Não o disse porque só disse "das carnes, a mulher; dos peixes, o carneiro; das aves a Ave Maria e depois de apresentada; das damas, a mais barata". Olha se é desbaratado João da Encina. Só emprestou paciência, só deu pesar; ele não gastava com os homens que pedem dinheiro, nem com as mulheres que pedem matrimônio. Quais necedades cometeu João da Encina, nu para não tratar com alfaiates, que deixou que tirassem seus bens para não ter que tratar com letrados, que morreu antes de adoecer, para evitar o médico? Só uma besteira fez e foi que sendo calvo, não tirou o chapéu para ninguém, pois era menos ruim ser descortês que calvo; era melhor que o moessem a pauladas porque não tirava o chapéu, que os apelidos porque era calvo. E se por cometer uma necedade anda João da Encina em todos os púlpitos e cátedras com votos, governos e estados, pior para eles, porque todo mundo é monte e todos são Encinas.

Lá estávamos, quando muito esticado, aproximou-se outro morto e disse:

– Olhe para cá, não pense que está falando com João da Encina.

– Quem é V.M. – disse eu – que com tanto império fala, e onde todos são iguais presume diferença?

– Sou eu, o Rei com raiva. E se não me conheces, pelo menos não podes deixar de se lembrar de mim, porque os vivos são tão endiabrados, que para tudo lembram do Rei com raiva; quando veem um paredão velho, um muro caído, uma calva, um esfarrapado rançoso, um vestido velho, uma mulher entrada em anos e recheada de séculos, logo dizem que lembra o Rei com raiva. Não houve tão infeliz rei no mundo, pois só se lembram dele coisas velhas e farrapos, antiguidades e visões; nem houve rei de tão má memória, tão asquerosa, nem tão caduca, carcomida e cheia de traças. Disseram que tinha raiva e juro por Deus que mentem, mas como todos dizem que estava com raiva, já não tem remédio; e não sou o primeiro rei com raiva, nem o único, pois não há rei nem houve nem haverá quem não sinta raiva. Nem sei como podem deixar de se zangar todos os reis, porque estão sempre sendo mordidos pelos invejosos e aduladores com raiva.

Outro, que estava ao lado do Rei com raiva disse:

– Console-se V.M. comigo, que sou o Rei Perico, e não me deixam descansar nem de dia nem de noite. Não há coisa suja e desalinhada , nem pobre, nem antiga, nem ruim, que não digam que foi do tempo do Rei Perico. Meu tempo foi melhor do que eles podem pensar. Para ver quem fui eu no meu tempo, e quem são eles, é só ouvi-los, porque dizendo uma mãe a uma donzela: "Filha, as mulheres abaixam os olhos e olham para a terra e não para os homens", respondem: "Isso foi no tempo do Rei Perico; os homens devem olhar para a terra, pois foram feitos dela, e as mulheres para o homem, pois foram feitas dele". Se um pai diz a um filho: "Não insultes, não jogues, reza tuas orações a cada manhã, benze-te quando acordas, reza antes de comer", ele diz que isso era usado no tempo do Rei Perico e que se faz isso agora dirão que é veado.

Quando acabou de dizer isto, aproximou-se um mortinho muito agudo, e sem cortesia disse:

– Já é suficiente com o que falaram, porque somos muitos e este homem vivo está fora de si e atordoado.

– Não diria melhor Mateus Pico.

– Eu venho só para isso! Pois velhaco vivo, o que disse Mateus Pico que ficam que disse o que não disse? Como sabem que Mateus

Pico não disse mais? Deixem-me voltar a viver sem nascer de novo, porque não me sinto bem em barrigas de mulheres, que me custaram muito, e verão se digo mais, ladrões vivos. Se eu visse suas maldades, suas tiranias, suas insolências, seus roubos; não diria mais? Diria mais e mais; e diria tanto que emendaria o refrão dizendo: "Diria mais Mateus Pico". Aqui estou e digo mais, avisem disto aos faladores de lá.

Fiquei confuso pela minha inadvertência e infelicidade em encontrar o próprio Mateus Pico. Era um homenzinho miúdo, esganiçado, que parecia que as palavras saíam por todas suas juntas; caolho e de pernas tortas, deu-me a impressão de tê-lo visto mil vezes em diferentes lugares.

Saiu da minha frente e surgiu uma enorme redoma de vidro; disseram que me aproximasse e vi um ensopado que se mexia muito, dançando por todo o garrafão; aos poucos foram se juntando uns pedaços de carne e foi se formando um braço, uma coxa e uma perna. Finalmente juntou-se e se levantou um homem inteiro. Esqueci-me de tudo quanto tinha visto e passado, e esta visão me deixou tão fora de mim que não me diferenciava dos mortos.

– Jesus mil vezes! – disse eu – Que homem é este nascido de um ensopado, filho de uma redoma?

Ouvi uma voz saindo da vasilha, que dizia:

– Em que ano estamos?

– Mil seiscentos e vinte e dois.

– É o ano que eu esperava.

– Quem é você – perguntei – que parido por uma redoma falas e vives?

– Não me conheces? – disse. A redoma e o picadinho não te dizem que sou aquele famoso nigromântico da Europa? Não ouviste dizer que me piquei todo dentro de uma redoma para ser imortal?

– Toda minha vida ouvi dizer – respondi – mas pensei que era conversa. O que você é? Confesso que o que mais cheguei a suspeitar foi que você é um alquimista que penava nessa redoma, ou um boticário. Todos meus temores dou por bem empregados pelo fato de ter te visto.

– Saiba – disse – que meu nome não foi o do título que me dá a ignorância, apesar de ter tido muitos. Só te digo que estudei e escrevi muitos livros, e os meus foram queimados, não sem dor para os doutos.

– Lembro-me – disse eu – ter ouvido dizer que estás enterrado em um convento de religiosos, mas vejo que me enganei.

– Já que vieste até aqui – disse –, destampa essa redoma.

Comecei a fazer força e a derramar a terra que cobria o vidro de que era feita, e ele me disse:

– Espera. Diga-me primeiro se há muito dinheiro na Espanha; em que conceito está o dinheiro, que força tem, que crédito, que valor?

Eu respondi:

– Não decaíram as frotas para as Índias, apesar de que soltaram umas sanguessugas desde a Espanha para o Cerro Potosi, com o que vão se segurando, e as minas começaram a secar.

– Os genoveses andam atrás do dinheiro? – disse ele. Volto a ser picadinho. Meu filho, os genoveses são doentes por dinheiro; percebe-se que são doentes porque só o dinheiro que vai para a França não admite genoveses em seu comércio. Deveria eu sair, andando esses usagres pelas ruas? Não digo feito picadinho na redoma, mais feito pó quero estar, antes de vê-los donos de tudo.

– Senhor nigromântico – repliquei – mesmo que seja assim, deram uma de cavalheiros, com riquezas, untam-se de senhores e adoecem de príncipes; com isso e as despesas e empréstimos, mofa a mercadoria e torna-se tudo em dívidas e loucura e ordena o diabo que as putas vendam as rendas reais deles, porque os enganam, os deixam doentes, os namoram, os roubam e depois os herda o Conselho da Fazenda. A verdade afina, mas não quebra; nisto se conhece que os genoveses não são verdade, porque afinam e quebram.

– Deixa-me animado com isso – disse. Dispor-me-ei a sair desta vasilha se primeiro me disseres em que estágio está a honra do mundo.

– Há muito para dizer sobre isso – respondi -; tocaste numa tecla do diabo. Todos têm honra, todos são honrados e tudo é questão de honra. Há honra em todos os estágios, e a honra está caindo de seu estágio e parece que está sete estágios debaixo da terra. Se furtam, dizem que é para conservar esta negra honra, e que preferem furtar do que pedir. Se pedem, dizem que é para conservar esta negra honra, e que é melhor pedir do que furtar. Se acusam, se matam alguém, dizem a mesma coisa, que um homem honrado antes se deixa morrer entre duas paredes do que se sujeitar a ninguém, e fazem tudo ao contrário. Afinal, no mundo todos contribuíram, e chamam honra à comodidade; presumindo de honrados e não sendo, zombam do mundo.

– Considero eu os homens com honras fantoches, que gritam, bolem e saltam; que parecem honras e olhando bem são farrapos.

Não dizer a verdade será mérito; a mentira e a trapaça, cavalheirismo, e a insolência, charme. Honrados eram os espanhóis quando podiam chamar de desonestos e bêbados aos estrangeiros, mas andam dizendo aqui as más línguas, que já na Espanha nem o vinho se queixa de mal bebido, nem os homens morrem de sede. No meu tempo não sabia o vinho por onde subia à cabeça e agora parece que sobe. Os maridos, porque tratam de honras, considero eu que andam como falcoeiros de suas mulheres, elogiando cada um suas agulhas.

– Há maridos lanternas, muito ajeitados, muito lúcidos, muito bravos, que vistos de noite e às escuras parecem estrelas, e chegando perto são pequenas velas, chifre e ferro velho. Há maridos seringas, que afastados atraem e aproximando se afastam. A coisa mais digna de risada é a honra das mulheres quando pedem sua honra, que é pedir o que dão; se acreditamos nas pessoas e nos ditados, que dizem: "O que arrasta honra", a honra do marido são as cobras e as saias.

– Não estou a dois dedos de voltar a ser picadinho – disse o nigromântico – para sempre. Não sei o que estou suspeitando. Diga-me, há letrados?

– Há praga de letrados – disse eu. Não há outra coisa, só letrados, porque uns o são por ofício, outros o são por presunção, outros por estudo (destes há poucos), e outros (estes são o que mais há) são letrados porque tratam com os que são mais ignorantes que eles (desta matéria falarei como apaixonado), e todos se formam de doutores e bacharéis, licenciados e mestres; mais pelos mentecaptos com os quais tratam que pelas universidades, e valeria mais à Espanha uma praga de gafanhotos perpétua que licenciados.

– De modo algum vou sair daqui – disse o nigromântico – Isso passa? Eu já os temia e pelas estrelas alcancei essa desventura, e por não ver os tempos que passaram cheios de letrados me enfiei nessa redoma, e para não vê-los ficarei feito pastel no pote.

Repliquei:

– Nos tempos passados, que a justiça era mais saudável, havia menos doutores, e aconteceu-lhe o que aos doentes, que quanto mais juntas médicas se fazem sobre eles, mais perigo mostra e pior vai; saram menos e gastam mais.

A justiça, pelo que tem de verdade, andava nua; agora anda empapelada. Um *Fuero juzgo* com seu *maguer* e seu *cuemo* e *conusco* e *faciamus* em todas as livrarias, e apesar de serem vozes antigas, soam com maior propriedade, pois chamam de executor ao alguazil e outras coisas semelhantes. Agora entrou uma cáfila de Menochios, Canhotos, Fabros e Farináceos, conselhos e decisões, lições e meditações, e a cada dia aparecem autores e cada um com uma infinidade de volumes: Doctoris Putei *In legem* 6, volume 1, 2, 3, 4, 5, 6 até o 15; Licenciati Abitis, *De usuris*; Petri Cusqui, *In codigum*; Rupis, Bruticarpin, Castani, Montoncanense, *De adulterio & parricidio*; Cornarano, Rocabruno... Os letrados todos têm um cemitério por livraria e por ostentação andam dizendo: "Tenho tantos corpos", e é coisa séria que as livrarias dos letrados são todas corpos sem alma, talvez por imitar seus amos. Não há coisa em que não os deixem ter razão; só o que não deixam ter por partes é o dinheiro, que o querem para si. Os pleitos não são sobre se o que devem a alguém vão lhes pagar, já que isso não tem necessidade de perguntas e respostas; os pleitos são sobre que o dinheiro seja de letrados e do procurador sem justiça, e a justiça sem dinheiro das partes. Quer ver como os letrados são maus? Se não houvesse letrados, não haveria teimosias, se não houvesse teimosias, não haveria disputas; se não houvesse disputas, não haveria procuradores, se não houvesse procuradores, não haveria confusão; se não houvesse confusão, não haveria delitos, se não houvesse delitos, não haveria alguazis; se não houvesse alguazis, não haveria prisão e se não houvesse prisão, não haveria juízes; se não houvesse juízes, não haveria paixão, e se não houvesse paixão, não haveria coação; olha a quantidade de canalhas que se produz a partir de um licenciado, o que disfarça uma barba e o que autoriza uma toga. Chegarás a pedir um parecer e dirão: "O estudo é um bom negócio. Diga V.M., que já estou a par. A lei fala com seus próprios termos". Pegam um quintal de livros, dão duas bofetadas para cima e para baixo, e leem depressa; remendam um anexo; dão uma batida com o livro sobre uma mesa, e dizem: "No próprio caso fala o jurisconsulto. V.M. deixe-me os papéis, que quero fazer tudo bem-feito. Volte amanhã à noite, porque estou escrevendo sobre o caso de Trasbarras; mas para lhe servir o deixarei de lado". E quando ao se despedir quer pagar (que é para eles a verdadeira luz e entendimento do negócio que vão resolver) ele diz, fazendo grandes cortesias: "Jesus, senhor!", e entre Jesus e senhor estica a mão.

– Não vou sair daqui – disse o nigromântico – até que os pleitos se determinem a pauladas, porque no tempo em que por falta de letrados se determinavam as causas a facadas, diziam que o pau era o alcaide, e daí veio a frase "que o julgue o alcaide de pau". Se eu sair, será só para dar arbítrio aos reis do mundo, porque quem quiser estar em paz e rico, que pague os letrados ao seu inimigo, para que o enganem e roubem. Diga-me, ainda existe Veneza?

– Sim – disse eu. Só há Veneza e os venezianos.

– Oh, a dou ao diabo – disse o nigromântico – para me vingar do próprio diabo, porque só posso dá-la a alguém para lhe fazer mal. É uma república que enquanto não tiver consciência durará, pois se restituir o alheio não sobrará nada. Linda gente, a cidade afincada na água, o tesouro e a liberdade no ar e a desonestidade no fogo; é gente de quem a terra fugiu, são o nariz das nações e o esgoto das monarquias; é por onde purgam as imundícies da paz e da guerra, e o turco o permite para fazer mal aos cristãos, e eles por não poder fazer mal a uns e a outros; não são mouros nem cristãos, e um disse em uma ocasião de guerra, para animar os seus contra os cristãos: "Vocês já foram venezianos antes que cristãos!". Deixemos isso e me diga, há muitos gulosos de patrocínio dos senhores do mundo?

– É doença – disse eu – essa de que todos os reinos são hospitais.

E ele replicou:

– Antes casas de orates, entendi eu. Mas, conforme o relatório que fazes, não sairei daqui; mas quero que você diga a essas bestas carregadas de vaidade e ambição, que os reis e príncipes são azougue em tudo. Primeiro, o azougue, se querem apertá-lo foge; o mesmo acontece aos que querem se aproximar muito dos reis. O azougue não para quieto; assim são os ânimos pela contínua marola dos negócios. Os que tratam e andam com o azougue, todos andam tremendo; o mesmo fazem os que tratam com os reis, tremem diante deles, de respeito e temor, porque senão, tremerão depois até cair. Quem reina agora na Espanha? é a última curiosidade que tenho antes de virar picadinho novamente, porque me sinto melhor.

– Morreu Filipo III – disse eu.

– Foi um santo rei, de virtude incomparável – disse o nigromântico – conforme li prognosticado nas estrelas.

– Há alguns dias reina Filipo IV – disse eu.

– Isso passa? – disse – já deu a hora que eu esperava?

Dizendo isso, subiu pela redoma a virou e saiu. Ia dizendo e correndo:

– Mais justiça se fará agora por um quarto, que em outros tempos por doze milhões. Eu quis partir atrás dele, mas um morto me segurou e disse:

– Deixe-o ir porque já estávamos preocupados todos; quando fores para o outro mundo conta que Agrajes esteve contigo, e que se queixa de que o acusam, "Agora o verão". Eu sou Agrajes, olha bem que não fiz tal coisa, que não me dão nada que agora nem nunca vejam, e sempre dizem: "Agora verão, disse Agrajes". Só agora que a ti e ao tal da redoma ouvi dizer que reinava Filipo IV, digo que agora vocês vão ver. E como sou Agrajes, "Agora verão, disse Agrajes".

Foi embora e apareceu na minha frente um homenzinho eriçado, vermelho e sardento.

– Você é alfaiate – disse eu.

Ele rapidamente disse:

– Somente sou solicitador, não ponhas nomes em ninguém (me chamo Arbalias) sem saber quem é.

Muito zangado, aproximou-se um homem velho, muito ponderado, dos que usam cabelos brancos por vaidade, longas barbas, olhos fundos, a testa cheia de sulcos, vestido juntando o extraordinário com o desalinho, deixava misteriosa a pobreza.

– Vou te dar mais espaço que Arbalias – me disse. Senta aí.

Sentou-se e me sentei. Como se tivesse sido disparado por um arcabuz, apareceu um homenzinho que parecia uma farpa de Arbalias e só gritava e se mexia. O velho disse-lhe com uma voz muito honrada:

– Vá amolar a outro lado, depois você vem.

– Eu também quero falar – dizia, e não parava.

– Quem é este? – perguntei.

O velho disse:

– Não percebes quem pode ser? Este é Chisgaravis.

– Duzentos mil destes andam por Madri – disse eu – e não há outra coisa a não ser Chisgaravises.

– Este está aqui cansando os mortos e os diabos. Mas esqueça e vamos ao que interessa. Eu sou Pedro e não Pero Grullo, que tirando um "d" no nome me fazem o santo fruta.

É verdade que quando ele disse Pero Grullo, pareceu-me ver suas asas.

– Prazer em te conhecer – repliquei - Você é o das profecias que dizem de Pero Grullo?

– É disso que devemos tratar. Vocês dizem que minhas profecias são disparatadas e zombam muito delas. As profecias de Pero Grullo, que sou eu, dizem assim:

Muitas coisas nos deixaram
as antigas profecias;
disseram que em nossos dias
será o que Deus quiser.

Safados, adormecidos em maldade, infames! Se esta profecia se cumprisse, o que mais poderiam pedir? Se fosse o que Deus quer, seria sempre o justo, o bom, o santo; não seria o que quer o diabo, o dinheiro e a cobiça, pois hoje o menos é o que Deus quer e o mais o que nós queremos contra sua lei. Agora o dinheiro é tudo, porque ele é querido, e não se faz nada a não ser o que ele quer; o dinheiro é Narciso, que só se ama a si mesmo. Prossigo:

Se chover fará lodo,
e será coisa de se ver
ninguém poderá correr
sem pôr os cotovelos para trás.

Faça-me o favor de pôr os cotovelos para frente e negue que isso não é verdade. Dirão que de tanta verdade é necedade; bom achaque, irmãos vivos! A verdade dizem que é amarga; poucas verdades dizem que é mentira e muitas que é necedade. De que modo tem que ser a verdade para lhes agradar? Não são tão néscios para não ver que não é tão profecia de Pero Grulho como dizem, pois há quem corra colocando os cotovelos para frente; são os médicos quando viram a mão para receber o dinheiro da visita, ao se despedir, que tomam o dinheiro correndo e correm de quem o dá para que o matem.

Quem tiver terá,
será o casado marido,
e o perdido mais perdido
quem menos guarda e mais dá.

Já estás pensando: "Que bobagem é esta?" Quem tiver terá; é verdade, porque não tem muito quem ganha muito, nem quem herda muito, nem quem recebe muito; só tem quem tem e não gasta; e quem tem pouco, tem; se tiver dois poucos tem algo; se tiver dois algo é mais; se tiver dois mais, tem muito; se tiver dois muitos é rico. O dinheiro é como as mulheres, gosta de que mexam com ele e o obedeçam, é inimigo de que o guardem; anda atrás dos que o merecem, e afinal deixa todos com dor na alma; é amigo de andar de casa em casa. Para ver como é ruim o dinheiro devem ver como são ruins as pessoas a quem o Senhor o dá (tirando os professores), e com isso conhecerão o que são os bens deste mundo pelos donos deles. Vejam os mercadores, vejam os joalheiros, que vendem enredos resplandecentes e mentiras coloridas, onde afundam os dotes dos recém-casados. O que falar da prataria? Não voltam inteiros. Lá custa a honra, e há quem faz acreditar a um desventurado que cinja seu patrimônio ao dedo, e nem percebendo o peso, está em sua casa uivando. Não trato dos pasteleiros e alfaiates, nem dos roupeiros, que são alfaiates de Deus. Atrás deles anda o dinheiro, e não tenha nojo qualquer pessoa de bons costumes e polido de consciência de lhe comunicar algum desejo. Deixemos isto e passemos para a segunda profecia, que diz: "Será o casado marido". Ficou muito zangado porque fiz um gesto quando ouvi essa besteira. Escuta, porque vieste para ouvir e aprender. Pensa que todos os casados são maridos? Pois mentem, porque há muitos casados solteiros e muitos solteiros maridos; há homens que casam para morrer donzelos e donzelas que casam para morrer virgens de seus maridos. Enganaste-me e és homem maldito; aqui vieram mil mortos dizendo que os mataste com velhacarias. Podes rir também desta profecia:

As mulheres parirão
se emprenharem e parirem,
e os filhos que nascerão
serão de quem forem.

Está vendo que parecem bobagens de Pero Grullo? Pois te prometo que se soubessem isso dos pais, haveria uma confusão de me dá meu direito de primogênito, toma tua herança. Nisto das barrigas há muito que dizer, e como os filhos são coisa que se fazem às escuras sem luz, não há quem descubra quem foi concebido como. Quantos pensam que no dia do Juízo Final saberão que seu pai é o pajem, o escudeiro, seu escravo ou seu vizinho, e quantos pais se encontrarão sem descendência?

– Esta profecia e as outras – disse eu – não são consideradas desta maneira lá; acredite que são mais verdadeiras do que parecem, mas vindas de tua boca não é assim.

– Ouve esta outra – disse:

Voa-se com as penas,
anda-se com os pés,
serão seis duas vezes três.

Voa-se com as penas. Pensa que o digo pelos pássaros, mas você se engana. O digo pelos escrivães e genoveses, e estes não voam com as penas e sim com o dinheiro. Para que vejam no outro mundo que profetizei sobre os tempos atuais, e que há Pero Grullo para os vivos, leva estas profecias.

Foi embora e me deixou um papel onde estavam escritas estas linhas nesta ordem:

Nasceu sexta da Paixão
para que perspicaz fosse,
e para que em seu dia morresse
o bom e o mau ladrão.
Haverá mil revoluções
entre linhagens honradas,
restituirá aos furtados,
castigará os ladrões,
e se quiser primeiro
as perdas remediar,
o fará só com jogar
a corda atrás do caldeirão.
E nestes tempos verão
maravilha estranha!,
que se desempenha a Espanha
somente com um quarto.
Minhas profecias maiores
verás cumprida a lei
quando for quarto o rei
e quartos os malfeitores.

Li com admiração as cinco profecias de Pero Grullo, e estava meditando sobre elas quando me chamaram. Virei-me e vi que era um morto muito escorrido e aflito, muito branco e vestido de branco, que disse:

– Tenha pena de mim, e se fores um bom cristão, livra-me das histórias dos faladores e dos ignorantes, que não me deixam descansar, e coloca-me onde quiseres.

Ajoelhou-se, despedaçando-se a tapas, chorando como uma criança.

– Quem és – disse eu – que a tanta desventura estás condenado?

– Eu sou – disse – um homem muito velho a quem acusam e atribuem mil mentiras; eu sou o Outro, e me conhecerás, pois não há quem não diga "o Outro", e depois não sabendo como dar conta de si, dizem: "Como disse o Outro". Eu não disse nada, nem abro a boca. Em latim me chamam *quidam* e nos livros me encontrarás preenchendo linhas e cláusulas. Quero, pelo amor de Deus, que lá no outro mundo digas que viste o Outro, em branco, que não tem nada escrito, que não diz nada, nem disse nem dirá; que desmente desde aqui os que o citam, pois sou o autor dos idiotas e o texto dos ignorantes. Deves advertir que nas fofocas me chamam de "certa pessoa", e nos enredos "não sei quem"; nas cátedras "certo autor" e para tudo sou o desventurado Outro. Faz isso e me livre de tanta desventura e miséria.

– Ainda estás aqui e não deixas ninguém falar? – disse um morto muito colérico. Pegando no meu braço, disse:

– Escute aqui, e já que vieste por correio dos mortos para os vivos, quando voltares diz que todos eles me deixam muito zangado.

– Quem és? – perguntei.

– Sou – disse – Calainos.

– Calainos? – disse eu. Não sei como estás desasnado, porque eternamente dizem: "Cavalgava Calainos".

– Sabem eles minhas histórias? Minhas histórias foram muito boas e muito verdadeiras.

– Tem muita razão o senhor Calainos – disse outro que se aproximou – ele e eu estamos muito agraviados. Eu sou Cantipalos, e não cansam de dizer: "O ganso do Cantipalos que ia ao encontro do lobo"; é necessário que digas que fizeram do asno ganso, e que era asno o que eu tinha e não ganso; os gansos nada têm a ver com os lobos e que me restituam o asno e o refrão.

Com seu báculo vinha uma velha ou espantalho, dizendo:

– Quem está lá nas sepulturas? Seu rosto era enrugado; seus olhos estavam encovados; na testa tinha tantas arrugas que parecia a sola do pé; o nariz quase tocava o queixo formando uma garra; a boca à sombra do nariz não tinha um dente; a cabeça era trêmula e a fala dançante; sua touca era muito comprida sobre a roupa preta. Vendo semelhante abreviação do outro mundo, disse gritando, pensando que fosse surda:

– Ah, senhora, ah, mãe, ah, tia! Quem é você? Quer alguma coisa?

Ela então, levantando o véu, deteve-se e disse:

– Não sou surda, nem mãe, nem tia; tenho nome e trabalho, e seus absurdos acabam comigo.

Quem acreditasse que no outro mundo haveria presunção de juventude, e num jabá como este? Aproximou-se, tinha os olhos úmidos e na ponta do nariz muco de onde saia um cheiro de cemitério. Disse que me desculpasse e perguntei seu nome. Disse-me:

– Sou dona Quintanona.

– Há donas entre os mortos? - perguntei maravilhado - . Fazem bem em pedir a cada dia a Deus, misericórdia mais que *requiescant in pace*, descansem em paz; porque se há donas meterão a todos em confusão. Eu pensei que as mulheres morriam quando viravam donas, que as donas não morriam, e que o mundo está condenado à dona perdurável que não acaba nunca. Mas agora que te vejo, percebo meu engano e folgo em vê-la, porque lá logo dizemos: "Olhem dona Quintanona".

– Deus te pague e o diabo te leve – disse – que tens tanta memória de mim sem que eu precise disso. Não há lá donas mais velhas do que eu? Pois, porque não vão atrás delas e me deixem em paz; há mais de oitocentos anos que fundei as donas do inferno, e até agora não se atreveram os diabos a recebê-las, dizendo que estamos economizando penas aos condenados e que não haverá coisa certa no inferno. Estou rogando com minha pessoa ao Purgatório, e todas as almas dizem quando me veem: "Dona, não na minha casa!". Com o céu não quero nada, porque as donas se não temos a quem atormentar e um pouco de fofocas, perecemos. Os mortos também se queixam de que não os deixo ser mortos como deveriam ser, e todos deixaram à minha escolha se quero ser dona no mundo. Mas quero estar aqui, para servir de fantasma em meu estado a vida toda, e não sentada em um banco guardando donzelas; quando chega uma visita aquele "Chamem a dona", e o dia inteiro para tudo; se falta alguma coisa "A dona estava lá". Somos as pessoas mais mal acomodadas, porque no inverno no põem nos porões e no verão nos sótãos. O melhor é que ninguém pode nos ver; as criadas porque dizem que as guardamos; os senhores porque os gastamos; os criados porque nos guardamos; os de fora pelo coram vobis de responso, e têm razão porque ver uma de nós subida em uns tamancos, muito alta e reta, parecemos túmulos vivos. E quando em uma visita de senhoras há conjunção de donas! Lá são geradas as angústias e o pranto, de lá procedem as calamidades e pragas, os enredos e as mentiras, porque as donas influem acelgas e lantejoulas e prognosticam velas, abajures e tesouras. Antes quero estar entre mortos e vivos perecendo, que voltar a ser dona. Houve um caminhante que tendo perguntado onde podia pernoitar, em uma noite de inverno, lhe disseram que havia um lugar chamado Donas, perguntou se havia onde parar antes ou depois. Disseram-lhe que não e ele respondeu: "Prefiro ir parar na forca que em Donas", e passou a noite ao relento. Só lhes peço, que Deus os livre de donas, e que ponham outra dona no refrão e me deixem descansar, porque já estou muito velha para andar em refrãos, porque cansa muito andar de boca em boca.

Muito estreito, envolto em um cendal, com capa e chapéu, amarrado a uma espada, aproximou-se um individuo e chamou-me:

– Ce, ce – me disse.

Respondi logo, entendendo que era um morto envergonhado. Perguntei quem era:

– Sou o mal costurado e pior sustentado dom Diego da Noite.

– Prazer em vê-lo – disse eu. Oh, estômago aventureiro! Oh, ave de rapina! Oh, susto dos banquetes! Oh, mosca dos pratos! Oh, sarna dos almoços! Não há coisa no mundo a não ser confrades, discípulos e filhos teus.

– Pelo amor de Deus – disse dom Diego da Noite -. Era o que me faltava ouvir! Mas como pagamento pela minha paciência peço que tenhas dó, pois em vida sempre andava apertando as carnes no inverno pelas picadas de verão, na maioria das vezes sem camisa, sempre em mesas alheias e nas meias pura linha e agulha. Cheguei a um estado que, me vendo calçado de geomancia, porque as calças estavam cheias de costuras, cansado de andar evitando a ventania, pintei as pernas e deixei pra lá. Não se viu socorrido por lenços meu resfriado, e passando o braço pelo nariz tentava resolver; se por acaso conseguia algum lenço, para que não o vissem me cobria com a capa, assoando o nariz escondido. Na roupa parecia árvore, porque no verão me agasalhava e no inverno andava nu. Nunca me emprestaram alguma coisa que eu devolvesse depois; até a espada, que dizem que "não há espada sem volta"; se todas me emprestassem, nenhuma devolveria. Como não disse a verdade em toda minha vida, diziam que minha pessoa era boa para a verdade, nua e amarga. Quando eu abria a boca, o melhor que podia esperar era um bocejo, porque todos esperavam o "me dá, me empresta, faça-me o favor" e assim todos estavam armados de respostas e diziam: "Não tenho nada para dar", "que Deus te dê", "Até gostaria". Fui tão infeliz que a três coisas sempre cheguei tarde: para pedir emprestado cheguei sempre duas horas depois, pois me diziam que "se tivesse chegado duas horas antes, eu lhe emprestaria esse dinheiro. Para ver os lugares cheguei dois anos depois, porque quando elogiava um lugar diziam: "Agora não vale nada, se V.M. tivesse visto dois anos atrás". A conhecer e elogiar as belas mulheres, cheguei sempre três anos depois, e me diziam: "Três anos atrás, tinha que ver V.M.". De acordo com isso, seria muito melhor que me chamassem de dom Diego Depois e não dom Diego da Noite. Dizer que depois de morto vou descansar? Aqui estou e não me canso da morte; os vermes morrem de fome comigo, e eu como os vermes de fome; os mortos estão sempre fugindo de mim para não se contagiar, ou para que não lhes furte os ossos ou peça emprestado; os diabos fogem de mim para que não fique lá esquentando, e ando pelos cantos cheio de teia de aranha. Tem tantos dom Diego por lá que podem pegar; me deixem com meu trabalho, que não tem morto que não pergunte por dom Diego da Noite.

Desapareceu aquele cavalheiro e se aproximou de mim com a maior pressa um homem alto e magro que parecia uma zarabatana, e sem me deixar descansar me disse:

– Irmão, deixa tudo rápido, que estão te esperando os mortos que não podem vir até aqui; tens que ouvi-los e fazer o que mandarem sem replicar e sem demora.

Deu-me raiva a pressa do raio do morto e disse:

– Senhor, isto não é Cochitehervite.

– É sim – disse ele; te digo que eu sou Cochitehervite e que este que está ao meu lado – eu não o tinha visto – é Trochimochi, que somos mais parecidos que fritar e chover.

Eu que me vi entre Cochitehervite e Trochimochi, fui como um raio aonde me chamavam.

Estavam sentadas umas mortas do lado e disse Cochitehervite:

– Aqui está dona Fáfula, Marizápalos e Mari Rabadilha.

Disse Trochimochi:

– Despachem, senhoras, que tem muita gente.

Dona Fáfula disse:

– Eu sou uma mulher muito principal.

– Nós somos – disseram as outras – as infelizes que vocês os vivos trazem nas conversas difamadas.

– Por mim não dão nada – disse dona Fáfula – mas quero que saibam que sou mulher de um poeta de comédias, que escreveu infinitas, e me disse um dia: "Senhora, seria melhor eu me encontrar em farrapos na lixeira, que em baladas nas comédias". Fui mulher de muito valor e tive com meu marido, o poeta, mil pesares sobre as comédias, autos e entreatos. Dizia eu que por que quando nas comédias um vassalo ajoelhado diz ao rei "Me dá esses pés", responde sempre: "Os braços será melhor"; a razão era que dizendo "me dá esses pés" se respondesse "com que andarei depois?". Sobre a fome dos lacaios e o medo, tive grandes brigas com ele, e tive bons respeitos porque o fiz olhar pela honra das infantas; não me pagarão por isso os pais delas em sua vida. Em uma comédia para que não casassem todos, pedi que o lacaio, querendo casar seu senhor com a criada, não quisesse se casar, pelo menos para que tivesse um lacaio solteiro. Onde maiores problemas tivemos, que quase quis descasar, foi sobre os autos do Corpus. Dizia eu: "Homem do diabo, é possível que sempre, nos autos do Corpus, tem que entrar o diabo com grande brio, gritando e chutando e parecendo que todo o teatro é seu, e pouco para seu papel, e Cristo muito encolhido, quase sem abrir a boca? Por sua vida, faça um auto onde o diabo não diga esta boca é minha, e como tem porque se calar, que não fale. Que fale Cristo, pois pode e tem razão e zangue-se em um auto, porque mesmo sendo a própria imagem da paciência, talvez se indignou e pegou o chicote, virou mesas e fez barulho". Fiz com que dissesse "Pai Eterno, e não "Pai Eternal", nem "Satã" e sim "Satanás"; aquelas palavras eram boas quando o diabo entrava dizendo "bu, bu, bu" e saía correndo. Desagravei os entreatos, que todos criticavam, e com todas as críticas faziam entreatos; quando tinham pena deles, eu dizia sintam pena das comédias, que acabam em casamentos e são piores, porque são pauladas e mulher. As comédias que ouviram isto, para se vingar, grudaram os casamentos nos entreatos; eles para escapar e ser solteiros, alguns acabam na barbearia, com guitarras e cânticos.

– Tão ruins são as mulheres – disse Marizápalos – senhora dona Fáfula?

Dona Fáfula irritada disse:

– Olhem com o que vêm agora, Marizápalos.

Se venho, não venho; quiseram se arranhar e o fizeram, porque Mari Rabadilha, que estava lá, não pode fazê-los ficar em paz; seus filhos, por comer cada um em sua tigela, estavam se batendo.

– Olha – dizia dona Fáfula – diz no mundo quem eu sou.

Dizia Marizápalos:

– Olha, diz como a deixei.

Mari Rabadilha disse:

– Fale para os vivos que se meus filhos comem cada um em sua tigela, que mal há nisso? Piores são eles, porque comem nas tigelas alheias, como dom Diego da Noite e outros da sua laia.

Saí de lá porque minha cabeça doía, ouvi um barulho de gritos e vi uma mulher correndo como louca, dizendo:

– Pio, pio.

Entendi que era a rainha Dido, que andava atrás do pio Enéas, quando ouvi dizer "Lá vai Marta com seus frangos".

– Valha-te o diabo, estás aqui? Para quem crias estes frangos? – disse eu.

– Eu é que sei – disse ela. Os crio para comê-los, pois sempre dizem "Morra Marta e morra farta". Diz aos do mundo quem canta bem quando está faminto, e que não digam necedades porque é sabido que não há tom como o de quem padece de indigestão. Diz a eles que me deixem com meus frangos, e que dividam esses refrãos entre outras Martas que cantam depois de fartas; estou bastante atarefada com meus frangos sem precisar me preocupar com seu refrão.

Ouviam-se vozes e gritos por toda parte naquele lugar! Uns corriam para um lado e outros para outro lado. Eu não sabia onde me esconder. Ouviam-se gritos que diziam:

– Eu não te quero, ninguém te quer.

Todos diziam isso. Quando ouvi aqueles gritos, eu disse:

– Sem dúvida, é algum pobre, pois ninguém o quer. Pelo menos é o que parece.

Todos me diziam:

– Está indo em sua direção!

Eu não sabia o que fazer e andava como louco olhando para onde fugir, quando uma coisa, como uma sombra, me pegou. Assustei-me e fiquei todo arrepiado, o temor sacudiu-me os ossos.

– Quem é você, o que queres – disse lhe -, que não te vejo e te sinto?

– Eu sou – disse – a alma de Garibay e ando buscando quem me queira, mas todos fogem de mim; a culpa é de vocês vivos que dizem que a alma de Garibay não a quis nem Deus nem o diabo, o que é uma mentira e uma heresia. A heresia é dizer que Deus não a quis, porque Deus gosta de todas as almas e por todas morreu; são elas que não querem a Deus. Deus quis a alma de Garibay como as demais. A mentira consiste em dizer que não a quis o diabo; há alma que o diabo não queira? Certamente que não, pois ele não rejeita as dos pasteleiros, roupeiros, alfaiates, nem chapeleiros, portanto não o fará comigo. Quando vivi no mundo, gostava de mim uma mulher calva e baixinha, gorda e feia, melindrosa e suja, com outra dúzia de falhas; se isso é gostar do diabo, não sei o que é o diabo, pois vejo, de acordo com isso, que me quis por poderes e essa mulher em virtude disso me endiabrou; agora ando penando por todos esses porões e sepulcros. Tomei a decisão de voltar para o mundo entre os ajudantes e fraudadores, que estes me recebem. Assim todos estes e os demais ofícios desse tipo têm a alma de Garibay. Diga-lhes que muitos deles que dizem que a alma de Garibay não foi querida nem por Deus nem pelo diabo, a querem eles, e que deixem Garibay e olhem para si mesmos.

Desapareceu fazendo o mesmo barulho. Atrás dele ia uma grande ralé de trapeiros, pintores e joalheiros, dizendo: “Aguarda, minha alma!”. Achei estranho que ninguém a queria ao entrar e quase todos a queriam ao sair.

Fiquei confuso quando se aproximaram Perico dos Palotes, Pateta, João das Calças Brancas, Pedro Pordemais, o Bobo de Cória, Pedro de Urdemales (assim me disseram que se chamavam) e disseram:

– Não queremos tratar do agravo que nos fazem nas histórias e em conversas.

Eu lhes disse que faziam bem porque com a variedade de coisas que tinha visto, não me lembrava de nada.

– Só queremos – disse Pateta – que vejas o retábulo que temos dos mortos cheios de ditados. Levantei a vista e vi de um lado São

Macarro e ao seu lado São Leprisco; no meio estava Santo Ameixeira e muitos pedidos e promessas de senhores e príncipes, aguardando seu dia. Por cima estava o santo de Palhares e frei Jarro, junto com são Porro, que se queixava dos carreteiros. Disse frei Jarro, cuspindo cachos e cheirando a lagar:

– Estes são santos canonizados pela sem-vergonhice com pouco temor a Deus.

Eu queria ir embora, e ouvi santo de Palhares dizendo:

– Companheiro, diga aos do século que muitos sem-vergonhas, que pensam que são santos, têm aqui guardados os palheiros; o resto que temos para dizer será dito outro dia.

Virei as costas e dei de cara com dom Diego da Noite, esquivando-se numa esquina. Eu o reconheci e disse:

– É possível que ainda há o que comer em V.M., senhor dom Diego?

– Por meus pecados sou refeitório e bodega de piolhos. Gostaria de lhe suplicar, pois você já vai, que ando desprevenido, que me mandes palitos de dente, pois trazendo-os na boca tudo me sobra; sou amigo de trazer os maxilares como jogador, mascando e chupando tudo; se houver algo entre os dentes, vou roendo aos poucos e, se for de lentisco, é bom para as opilações.

Achei graça e fui embora fugindo. Ia, aos poucos, procurando quem me guiasse; de repente, sem dizer palavra, um morto de boa disposição, bem vestido e com boa cara, fechou comigo. Eu temi que fosse louco e fechei com ele. Dizia o morto:

– Deixe esse velhaco comigo, voto ao céu da cama que farei com que fique aqui!

Eu estava colérico e disse-lhe:

– Se você chegar perto, volto a te matar, infame, não podes ser homem de bem! Chega, bastardo!

Quando ele quis me pegar novamente e eu a ele, chegaram outros mortos e disseram:

– O que fizeste? Sabes com quem falas? Chamas de bastardo a Diego Moreno?

– Este é Diego Moreno? – disse eu.

Fiquei mais irritado e elevando a voz disse:

– Infame! Tu falas? Tu dizes aos outros desonra bons? A morte não tem honra, pois consente que este ande por aqui. O que te fiz?

– Eu sou bastardo – disse Diego Moreno – e outras velhacarias que atribuíram? Não há outros Morenos? Não sabias que todos os Morenos, mesmo que se chamem João, quando se casam tornam-se Diegos e a maioria dos maridos são morenos? O que fiz eu que não tenham feito os outros muito mais? Acabou em mim o chifre? O que os levou a me trazer? Eu fui marido de tomo e lombo, porque tomava e engordava. Minha mulher era sem-vergonha porque me difamava, e costumava dizer "Deus guarde meu Diego Moreno, que nunca me disse nada mau nem bom"; a velhaca mente porque eu lhe disse coisas más e boas duzentas vezes. Se o remédio está nisso, diga aos bastardos que há no mundo que digam coisas más e boas às suas mulheres, para ver se podem limpar as testas e se podem deter o fluxo do osso. Por outro lado, dizem que não disse nada mau nem bom; é tão ao contrário, que vendo entrar em minha casa poetas, dizia "mau!, e vendo sair genoveses, dizia "bom!"; se via galãzinhos com minha mulher, dizia "mau!"; se via mercadores, dizia "bom!"; se encontrava com valentes, dizia "muito mau!"; se encontrava tratantes, dizia "muito bom!". Que mais bons e maus tinha para dizer? No meu tempo fazia tanto sucesso um marido postiço que se vendia o mundo por um e não se achava; agora casam por suficiência e usam os maridos como alfaiates e escreventes; há praticantes de cornudos e aprendizes de maridos.

– Para que essa humildade – disse eu – se você foi o primeiro homem que endureceu de cabeça os matrimônios, o primeiro que criou desde o chapéu videiras de lanternas, o primeiro que introduziu os casamentos sem chapéu? Volto para o mundo para escrever noite e dia histórias da sua vida.

– Desta vez você não vai – disse.

Nós nos pegamos a tapas, e, com a gritaria e o barulho que fizemos, dei um pulo na cama e acordei dizendo: "Valha-te o diabo, agora te zangas?" (é condição própria dos cornos, zangar-se depois de mortos). Com isto me encontrei em meu quarto tão cansado e tão colérico, como se a pendência tivesse sido de verdade e a peregrinação não tivesse sido um sonho.

Com tudo isso, achei melhor não desprezar esta visão e lhe dar algum crédito, pensando que os mortos poucas vezes zombam, e que são gente sem pretensão e desenganada, mas servem para ensinar e entreter.

Fim do sonho da Morte.

Impressão e Acabamento:
Gráfica Oceano